小团队高效管理手册

すごい共感マネジメント

［日］中田仁之 —— 著

肖辉 邹宜珂 —— 译

中国友谊出版公司

图书在版编目（CIP）数据

小团队高效管理手册 /（日）中田仁之著；肖辉，邹宜珂译 . -- 北京：中国友谊出版公司，2022.8
ISBN 978-7-5057-5483-6

Ⅰ.①小… Ⅱ.①中… ②肖… ③邹… Ⅲ.①团队管理 Ⅳ.① C936

中国版本图书馆 CIP 数据核字 (2022) 第 087589 号

著作权合同登记号　图字：01-2022-1858

困った部下が最高の戦力に化けるすごい共感マネジメント
© Hitoshi Nakata 2018

Originally published in Japan by Yusabul Co., Ltd
Translation rights arranged with Yusabul Co., Ltd. Through Rinch International CO.,LIMITED

书名	小团队高效管理手册
作者	［日］中田仁之
译者	肖辉　邹宜珂
出版	中国友谊出版公司
发行	中国友谊出版公司
经销	新华书店
印刷	河北鹏润印刷有限公司
规格	880×1230 毫米　32 开 7 印张　133 千字
版次	2022 年 8 月第 1 版
印次	2022 年 8 月第 1 次印刷
书号	ISBN 978-7-5057-5483-6
定价	52.00 元
地址	北京市朝阳区西坝河南里 17 号楼
邮编	100028
电话	(010) 64678009

序　章

致想要成为真正领导者的你

　　本书面向所有有培养人才需求的人群，包括公司老板、团队领导者、父母。这是一本为奋斗在育人前线、因"培养员工""强化团队能力"而烦恼的各界人士量身打造的实用之作。

　　包括团队和企业在内的所有组织，只要没什么大的异动，实际上不会发生突变——突然变好，或突然变坏。一般情况下的变化都是较为缓和的——缓步趋好，或逐步恶化。

　　迄今为止，我面对面访谈过500多名公司老板，绝大多数人都会说：

　　"只有扎根一线的团队领导者，才能够改变公司！"

　　"如何让团队领导者干劲十足才是最重要的经营课题！"

　　很多企业渴望有人格魅力的真正的团队领导者，但现实中这样的人却是凤毛麟角。

我相信，通过阅读本书，团队领导者能够让自身闪闪发光，充满朝气，并给员工带来活力，打造出强大的团队。

拿过全国冠军的某高中棒球部教练分享了他的经验。他说："要想让球队变得更强，首先要让队长和队员建立起信赖关系。如果想要让队员信服，就要认真地对待每一个人，重视'倾听'。"

人气组合"EXILE"（放浪兄弟）的队长HIRO（五十岚广行）先生也是一名卓越的领导者。有一次采访，记者问其中一名成员："如果有下辈子，你还想加入EXILE组合吗？"这名成员回答道："我即使不加入组合也没关系，只要在HIRO先生手下工作，无论做什么工作都可以。"

虽然还有很多其他的优秀领导者，但我在这里列举的两位，他们的共同点就是有"共情力"，让队员和组合成员产生为其而努力的信念，这在艰难的时刻甚至会激发出更强的凝聚力。

培养人才

从小学到大学毕业，我做了16年棒球选手，也做了8年中小学生的棒球教练。

大学毕业后，我在一家上市公司担任了20年销售课长，现在在做企业技术顾问。无论是做销售课长，还是做棒球教练，抑或做技术顾问，我都没有抱着要指导别人的想法，而是持让人自主成长的理念。

所谓"培养"人才，只不过是一种自以为是的想法，因为我认为人们只会靠自己的意志成长。就像向日葵。

我可以在土壤里种下向日葵的种子，给它浇水，把它放置在光照良好的地方。但是，我却无法从向日葵的种子里拉扯出新芽。

我所能做的，是营造出让向日葵更容易发芽的环境，给予它相应的支持和帮助。

有人用两盆向日葵做过这样一个关于生长的实验：一盆向日葵保持原样，让其自由生长；而另一盆则绑上充满氦气的气球。对比观察两盆向日葵的生长状况。那么，结果如何呢？

绑着气球的向日葵的长势仅是另一盆的三分之一。揠苗助长只会起到反作用，剥夺了其本身的生长能力。

对作为团队领导者的你来说，可能越是想培养员工，越像培育那盆绑着气球的向日葵，结果是揠苗助长。其实，我们应该为员工完全发挥出他本身的成长能力给予支持和帮助。团队领导者无需对人施加外力让其成长，而是帮助他们自发地自我成长。只有这样，才是真正的"育人"。

那么这里就要提到团队领导者必备的素质了。

那就是不找任何借口退缩的"一心一意"，以及无论发生什么都永不言弃的"决心"。

通过阅读本书，你一定能收获关于上述"一心一意"和"决心"的真谛。

打造强大团队的共情能力

我认为,想要提高团队能力最重要的一点就是要有"共情力"。所谓共情力,顾名思义,就是一种能够与他人共通情绪、产生共情的能力。它既是一种能够理解别人情绪的能力,也是一种能够以自己的情绪感染他人的力量,还包括因共情而衍生的能力。我用共情力来指代这些能力。

一个人的力量微不足道,除非他才华横溢。而在共情力的影响下,几十个人、几百个人的力量能凝聚到一起。到那时,每个人都会作为集体的一分子,发挥出即使是天才也无法拥有的力量。100 人的一步能轻易地超越一个人的 100 步。

如何真心对待员工、客户、家人等这些对我们而言非常重要的人?我十分想与各位团队领导者分享提高共情力的 5 种方法。

大家即使隶属于同一个组织,也不一定构成真正的"团队"。

团体与团队两者间有着绝对的不同。为了在上司和员工,或公司和客户之间打造真正强大的团队——共同体,团队领导者需要采取以下 5 种方式:

①表达感谢;
②相信一切可能性;
③批评错误的行为;
④交流情感;
⑤培养团队精神。

更浅显易懂的表达就是：

①表达感谢＝用语言向重要的人真诚地表达感谢；

②相信一切可能性＝永远相信珍视的人，因为你每一次的信任都是他们自信的来源；

③批评错误的行为＝在批评别人时不要否定其人格，而是言简意赅地指出其错误之处；

④交流情感＝真诚坦率，共享喜怒哀乐；

⑤培养团队精神＝营造出一种氛围，让全员思考并回答自己可以为团队做些什么。

请你务必时刻记得这5种方式，并用团队领导者的身份重新审视自己。

衷心希望你从身边做起，打造出成员其乐融融、一心一意的强大团队。

在读过本书后，我们就会成为一个共同体。

从现在开始，让我们携手共创美好人生！

目录
CONTENTS

准备阶段
好的领导者，都这样修炼基本功

做团队管理者，必须重视共情力 / 002

理想的团队领导者形象，原来是这样 / 006

任用员工，领导者如何优先考虑 / 010

设定最高目标，将"意义"置换成"故事" / 013

达成行动目标，需要战胜"自己内在的惰性" / 017

交予工作之前，清晰地说明意义 / 022

有意识地赠送"话语的礼物" / 026

导致事业失败的 12 条原因 / 029

战胜内心的领导者，是员工勇气的源泉 / 032

培养员工的正确姿态 / 035

第一步
表达感谢,增强团队凝聚力

经常表达感谢,改变团队氛围 / 040

具备感恩之心,团队更上一层楼 / 044

写封感谢信,提振团队精神 / 048

怎样让团队变成一家人 / 052

带上礼物,表达关注 / 056

3个要点,激发员工自信 / 059

秉持"公众精神",享受领导者角色 / 064

为什么有的员工只会等待指令做事 / 068

与其追求成果,不如定向培养 / 073

第二步
相信一切可能性,用真诚给团队赋能

打开自己的"可能之窗" / 078

赋予动力,相信员工的可能性 / 082

认真对待,切忌忽视小事 / 086

以身作则,促进员工成长 / 090

两种表达,让员工恢复干劲 / 093

毫无作用的一句"加油" / 097

不要让你的抱怨，传进员工的耳朵 / 101

提高员工自我肯定感的"需求层次理论" / 104

提升员工工作效率，只要做到两个字 / 109

坦诚地传达优点，增加员工自信心 / 113

第三步
正确批评，将失误变成成长资源

员工犯了错误，应该当下批评吗 / 118

批评完就结束了，没有任何效果 / 121

认同改正后的成果，你做到了吗 / 124

用"正确言论"批评，很危险 / 127

将指示转化为自己的语言，让员工听话 / 130

掌握真实信息，敢于接受"沾着泥的洋葱" / 135

优秀的领导者，拥有"爱严精神" / 138

给予批评时，注意两个要点 / 142

及时原谅，给员工信任的感觉 / 145

第四步
共享心情，提升员工行动力

提高感动敏感度，让员工积极工作 / 150

有效沟通,让对方的脑海浮现图画 / 153

与员工分享喜悦,增强工作动力 / 157

展示"下一目标",让想象具体化 / 161

如何认真地给员工"加油" / 164

重视"非日常空间",提高团队凝聚力 / 169

展示永不言弃的姿态,感染团队氛围 / 172

第五步
强大团队,是怎样炼成的

化零为整,打造最强团队 / 178

组建真正的团队,让成效加倍 / 182

所谓团队合作,并不是关系好 / 185

团队共情,就会互相成就 / 189

正确地信赖,能联结强大的团队 / 193

你的团队,能否让客户参与进来 / 197

团队讨论难题,应当愉快还是沉重 / 200

学会营造氛围,改变团队气氛 / 203

认真地积累小事,让团队脱胎换骨 / 206

后记 / 209

准备阶段

好的领导者,都这样修炼基本功

打造强大团队,你需要掌握一些必知事项。

01
做团队管理者，必须重视共情力

我是这样定义团队管理者的：承担培养重要人才任务的角色。

在本书中，无论你是公司老板，还是中层，只要你肩负培养人才的重任，就是我所说的"团队管理者"。

无论哪个企业，实际上辛勤创造出价值的都是一线员工。

从客户那里得到订单的销售人员、在车间操作机器的工程师，以及会计、总务、人事部员工，这些实际在一线工作的人才真正地创造了企业价值。

从某种意义上来说，公司的销售额体现在客户表示感谢的数量上。销售人员如果得到了来自客户的感谢，销售额就会自然而然地上升。而利润则体现在企业的社会贡献度上，企业谋求的是创造利润、缴纳税金、雇用员工以及为社会做出贡献。

那么，团队管理者到底要做什么呢？

以往，团队管理者主要是指管理型的管理层。总体来说就是指导工作、进行思想教育、在团队中下达指示和命令、管理员工。

但是，在现代社会，这种管理手法开始出现瓶颈。其表现为年轻人的高离职率以及出现心理健康问题等。

当今社会需要团队领导者具备激发一线员工的全部潜能、使其创造更多价值的能力；为员工提供崭露头角的舞台；帮助他们在实践中发挥平时练习时积累的技能——养兵千日，用兵一时。

团队管理者并不是为了评价员工的能力或者评论员工的行为而存在的。团队管理者必须与员工并肩作战，正确引导他们，给予他们力量，最终成为他们尊敬爱戴的人。

为此，必须重视共情力，即对员工真诚相待，真心实意地支持员工成长，以此获得他们的感谢与支持。打造这种关系才是团队管理者应该做的。

现在，你的公司处于怎样的氛围呢？你的团队又处于怎样的氛围？开会氛围又如何呢？你或许会说：

"我的公司开会就是单纯汇报，很枯燥。"
"老板总是板着脸，气氛很沉重。"

然而，事实上只有你——团队管理者才是能够改变这样沉重氛围的人！

公司的氛围也好，团队的氛围也好，真的可以通过你的言行举止来改变。

虽然也许以你一人之力很难转变整个公司的氛围，但是可以从你做起，改变团队氛围，以自身改变影响员工，这将直接关系到团队的业绩。

多年来，我见过500多名公司老板，他们绝大多数都会和我说：

"渴望具备人格魅力的团队管理者来我手下工作。"

企业渴求的是知晓员工的长处、相信他们的成长并能给予指导的团队管理者。这并不需要任何特殊的技能，你只要成为你心中理想的那种团队管理者即可。

接下来让我们一起来学习团队管理者所必需的思考方法和态度吧!

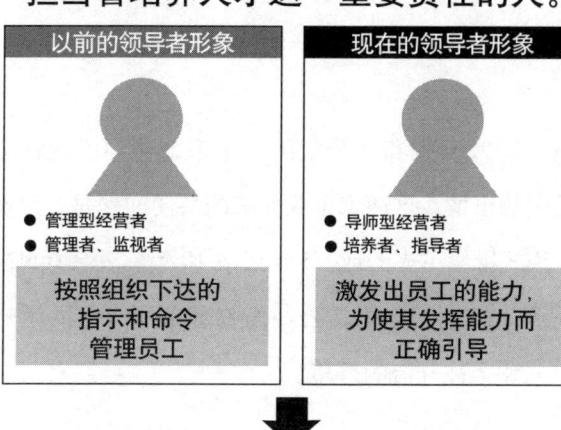

02
理想的团队领导者形象,原来是这样

"协同集训"是我的客户十分喜欢的活动。具体来说是从两家企业中选拔出团队领导者,每家企业 6 人,共选拔 12 人进行两天一夜的集训。

这是之前 X 公司和 Z 公司两家上市公司的团队管理者进行集训时发生的事情。这两家企业面临的共同问题是:照现在的经营和工作模式继续下去的话,5 年后或 10 年后就会有风险——由于出现了强大的新兴势力,公司面临着前所未有的激烈竞争,陷入现有的顾客被分流的窘境。

这两家公司都是业界知名企业,都有危机感,知道若墨守成规就没有未来。

这次集训,12 名团队领导者被分为 3 组,每组 4 人,开展各种活动,利用两天时间转换角度,思考日本、公司,以及自己的本质。例如:5 年后日本的变化;在没有任何制约的情况下想要构建怎样的商业愿景；如何正视自己的内心，探索自己真正的欲求和理想的生活。

最后，大家进行了主题为"描绘理想中的团队领导者形象"的小组活动，列举出他们爱戴的上司、前辈、客户以及恩师的闪光点，塑造出了一个理想人物的形象。

这两家公司属于完全不同的领域，之前也没有什么特殊的交集。然而大家一起塑造出的理想的团队领导者形象，却不可思议地相似。

我整理出其中几个闪光点：

- **拥有在任何情况下都会保护员工的气度；**
- **总是笑脸待人，十分暖心；**
- **除了工作之外，兴趣广泛；**
- **善于结交公司外部的朋友；**
- **善于处理纠纷。**

培训让这些团队领导者感到只有自己才能改变公司，不可做井底之蛙！

以上5点无论哪一点都不需要高超的技术，也不需要类似工作的专业性。更重要的是作为领导者应有的状态、人格魅力以及姿态。并且,上市企业这一"巨大战舰"的运作必须靠其中的每一支队伍,以及每一支队伍中的领导者来维系。

在参加集训的领导者中,有人在上司面前装好下属,有人让员工感到害怕,总是因为公司、上司、员工的原因在居酒屋里发牢骚的更大有人在,也有人极端恐惧被员工讨厌和轻视。

我认为,如果能在公司这样狭小的世界里如鱼得水,那么这样的人大概就可以出人头地。与上司保持良好的关系,以最合适团队的视角进行调整,即是自己的职责。

有句话叫"海里的鱼无法意识到海"。不管对海里的鱼说多少次"你现在在大海里哦",它自身却是完全意识不到的。只有初次来到海面,或者身处不同的环境,才能够第一次认识到海的存在。

在这次集训中,通过与其他企业的领导者们一同交流学习,他们亲身感受到了自己身处"海中"的事实,并且客观地看待过去的环境,最终意识到自己应一马当先,从公司这个狭小的"海域"里"跳入外海",让员工看到自己在"外海"畅游的样子,以此来增强自己团队的力量。

并且,在与水平相当的其他企业的领导者们一起度过的两日集训中,他们也意识到了"同伴意识等于团队合作"这一真理。如果自己的团队也能够进行同样的团队合作,哪怕只是自己做出改变,合作就会很简单地完成。

他们的认识发生了转变,对迄今为止把责任推给他人的错误进行了反省,并且对今后的自己充满期待。

对你来说,理想中的领导者是怎样的形象呢?为了成为你心目中理想的领导者形象,你现在能够尽自己的能力做到什么呢?

03
任用员工，领导者如何优先考虑

你是在组织中带领员工的领导者。

比如说，你现在手下有8名员工，其中有非常优秀的A君，以及成绩稍微逊色但是十分诚实坦率的B君。

A君非常优秀，日后也有成为领导者的潜力。并且，分配给A君的工作完全不需要作为领导者的你出面就能搞定。B君因为个性老实坦诚，会逐个询问你的意见并一一遵从。虽然业绩没有增长，但作为领导者的你出场的机会更多，更能受到员工爱戴。

某天，你收到了指派一个大项目给一个员工的指示。这时，你会如何抉择呢？

如果你把这个项目交给A君，相信一定会成功吧。A君在公司内的评价也会变高。但是，你出场的机会将变得很少，接受感谢和评价的概率很低。而把项目交给B君的话，项目的成功与否或许与你息息相关。因为 B 君会老实地听从你的意见并一一进行汇报，你出场的机会变多，也会更容易获得公司赏识。

这其实就是现实中发生的事情，那位领导者指定了 B 君完成项目。

那位领导者心里是这样想的：

"如果把项目交给 A 君，不但没有我的功劳，我作为领导者也会变得毫无用武之地。而把项目交给 B 君，他会把项目的内容事无巨细地报告给我，我的意见也更容易被采纳。"

看完这番话，你作何感想呢？

现实中，做出这样决断的领导者绝不少见。事实上，公开声明"比起能干的员工，老实又马马虎虎的员工更让我感到安心"的领导者，我也有所见闻。

作为领导者，你应该把团队的胜利放在第一位。项目成功的关键就在于此。其次应该优先考虑的是，为了让员工发挥出最强的能力而做好万全准备。无论是项目顺利进行，还是获得盈利，站在击球位置上的都是作为现役选手的你的员工。

然而，令人遗憾的是，有时以个人私利来进行决断的领导者还有很多。

那么，对于做出这样决断的领导者，以 A 君为首的其余 6 名员工该做何考虑呢？

想必他们会在背后议论"真是挑剔""只会明哲保身""只想让自己引人注目"。

怎样能使员工感到快乐？怎样能给公司带来价值？怎样能为社会做出贡献？这些才是领导者所必须思考并自省之事。就以这件事情为例，我认为如果任用了能力出色的 A 君，项目的成功是显而易见的，并且这也与作为领导者的你的成长密不可分。

给予员工机会并支持他们成长、自己为了得到成长日渐努力的你的领导者姿态，其他员工也都会看在眼里。**反之，如果你没有成长的意识，每天注视着这样的你的员工也许也会变得不求上进。**

我认为为使员工最大限度地发挥能力，支持并引导他们才是身为领导者的职责。因为立于一线位置的，已经不是你了。

04
设定最高目标,将"意义"置换成"故事"

我参与经营的 D 社的目标口号是"以史上最高销售额为目标"。不是同前一年相比的 110% 营业额,而是以该公司的史上最高销售额为目标。

某天,在员工会议上,我问道:"为什么要以史上最高的销售额为目标呢?大家来试着说说理由吧。"于是,员工都干劲十足地提出了许多理由。

"'史上最高'这样的词汇好霸气!""会对自己更有自信"等,职员们发表了 10 多种理由。接着,我们从中选取 3 个进行分析,作为"以史上最高销售额为目标"的目的,全体员工将其记录在笔记本上。

与职员们不同,我所考虑的目的是"朝着这个目标努力,能够获得强大的能力""培养真正的团队合作""培养出对上司和家人等身边人的感恩之心"。

你的团队设定了怎样的目标呢？你有没有认真地将其列入企业文化之中，并且公司全员为达成目标而奋斗？作为领导者的你，为员工设定的目标赋予意义是十分重要的。

人们常说，伴随着感情的记忆会烙印在脑海里。我们有必要将领导者赋予目标的意义，置换成员工能够理解的故事。

具体来说，如果能够达成目标，对于员工会有什么好处？对于公司、社会会有怎样的意义？领导者有必要将这些问题解释清楚。

接下来，你要活用目标，提升员工的积极性并设定他们对工作的态度。如果只是将上司传达的目标原封不动地下达给员工，或者按照人数将目标平均分配给员工，那可真是太过分了。这样下来，员工干劲不足，无法发挥全部实力。

目标是追求之"山"。而目的，则是通过以那座"山"为目标，达到目标后想要得到的成果。如果目标是登顶自己追求的那座山，那么目的就可以是追求的理由。比如，沿途的风景、让自己更加自信、解决运动量不足的问题等。在做一件事时制订一个目标，并且设立3个角度不同的目的，这样会收获更多成果。

因此，你要对员工的目标提出不同角度的问题，从而引导出他的目的。

这样一来，带着不同角度的目的，即使实现不了"史上最高的销售额"也能获得成就感。但是如果没有目的的话，没能实现自己的目标就仅仅意味着"没能达成目标"，也就不会取得任何成果了。

因为目标的结果是一目了然的，所以达成与否也是十分明确的。若是提问"为什么要设定那个目标"，一定会涌现出很多答案，其中必有不同的目的。

请将目标和目的明确划分开来，一个目标对应 3 个及以上目的。这样看来，既可具体化想象达成目标所需的方式方法和工具，关于结果的看待方法也会发生巨大改变。

为什么要设定目标？如果达成目标会得到什么？通过对其反复思考，即使没能切实达成目标，也不会错失过程中的体会。

- 目标是追求之山
- 目的是通过实现目标所能得到的东西

 目标：有史以来的最高销售额
目的：
- "史上最高"这个词好霸气！
- 会对自己更自信
- 想让家人欢喜
- 以涨工资为目的
- 能够出人头地
……

⬇

- 达成目标的意义很重要

目标没能达成时，目的的满足与否，也会影响成就感。

- 设定 3 个以上的目的

可以具体化想象达成目标所需的方式方法和工具，关于结果的看法也会大不相同。

- 领导者从与员工不同的视角来设定目的

领导者从培养人才的角度设定目的。

05
达成行动目标，需要战胜"自己内在的惰性"

为了达成目标，持续攀登每个小阶段就变得重要起来。成功者之所以能够踏上一条成功捷径，都是每天坚持重复攀登"肉眼所不得见"的小阶梯的结果。因此，要达成"史上最高的销售额"这一结果目标，"自己每天要做什么"这一行动目标就变得十分重要了。

根据行动目标，我们必须培养出克服并战胜"自己内在的惰性"。

在为达成目标而努力的过程中，心灵、技能、体魄三者中，心灵最为重要。培养强大的心灵这一行动目标会与达成目标的持续时间成比例，从而孕育出强大的内心世界。

我让职员们记录的"史上最佳日报"，正是作为行动目标而设立的课题。我希望大家记录以及传达的内容中要包含令自己感动的一件事、想要感谢的事情，或者是自己获得他人感谢的事情以及当天的感想，其余自由发挥。

甲子园[1]某优胜学校在采访中被问到获胜的理由时，回答说："因为学校全体学生每天都会一起做校园大扫除。"

如果把焦点置于"心、技、体"当中的"技能"上的话，也许你会认为学生并不会通过打扫校园变强。然而，正式成员也好，非正式成员也好，比起清扫校园，进行全员扫除，其实真正意义上是在锻炼大家的心灵，加强团队合作。如果全员每天都能坚持做团队下达的命令，他们的关系会比想象中更加紧密，并且能够锻造心灵。

企业也是如此。你听说过"6S活动[2]"吗？它是取"整理""整顿""清扫""清洁""素养""安全"这6个单词的首字母"S"命名的。其真正价值在于全员进行的"意识改革"：**通过全体员工孜孜不倦的坚持，员工的心灵得到了锻炼，公司内部的氛围也发生了变化，就这样形成了一支强大的团队，其结果就是获得了提高效率、增加利益等各种各样的附加效果。**

---

1. 甲子园为日本高校棒球赛场所在地。——译者注
2. 日文中这6个单词的罗马音都以S开头。——译者注

我在学生时代的棒球生涯中,每天必做 100 次打球动作。我想象着对方投手的样子不停地挥棒,日日坚持,从未间断过。结果在大学三年级的关西六大学的棒球联赛中,作为普通高中球员的我以 0.471 的打击率,取得了最好成绩。

如果每天边想象着 100 个击球员的位置和对方的进攻方法,边做打球动作挥棒的话,一年就能留下 3 万多个击球员位置的印象。做打球动作的优点,在于不会担心打坏的损伤,也就是说可以打出所有击球员的"安全打"。每年 3 万多次的上场击球次数和 3 万多次的"安全打",是在背后积累得出的经验结果,在击球员位置上游刃有余即能在对战的心态上立于优势。

为了达成团队的结果目标,领导者与员工一同设立较小的行动目标是十分重要的。请你一定不要设定特别难的内容,设定很简单就能做到的即可。我建议你和员工一起思考出许多方案,然后让员工从中做出选择。

因为这是一起思考出的意见,所以双方的视点也能达成一致。另外员工也能够将其作为自己的事情而不是上级下达的指令来更好地完成。接下来,请团队全员试着每天练习并实践团队所制订的行动目标吧。由团队的领导者怀着期待,以身作则,通过包括员工在内的团队全员一起实践,提高团队能力,最终达到目标。

阻碍行动目标的最大劲敌就是你内在的惰性。与想要偷懒的自己做斗争的时间越长,你和员工的心灵就会变得越强大,更容易达成目标。

目标分为两种

作为远大目标的 **结果目标**

作为较小目标的 **行动目标**

结果目标：有史以来的最高销售额
行动目标：为达目标所应做的事情
- 每日 × 次：拨打电话
- 每日 × 次：上门推销
- 每周一次：与老主顾见面
- 每周一次：与老主顾聚餐
- ……

一起制订较小的行动目标且团队全员进行实践
→ 因关系更加紧密，团队能力提升
→ 因团队能力提升，个人考虑不周这一问题得以解决

⬇

与达成结果目标息息相关

06
交予工作之前,清晰地说明意义

"不去做的事情,谁也不知道结果会如何。如果想要得到问题的答案,只能亲自去做。"

这是职业棒球队的工藤公康教练说过的话。

在我做现役棒球运动员时,在冬季不训练投球或打球,而是以基础训练为主锻炼体能。因为几乎不碰棒球,练习很是枯燥无聊,导致大家的身心都十分痛苦。

这时,就有队友小声嘟囔:

"这样训练有什么意义呢?"
"这样做就能学会打球了吧?"

作为组织练习的指导者,应该完全杜绝无用的练习,一切以"强化团队力量"为目的练习才是正确的。

我也能够理解这一点，但是当训练得苦不堪言时，大家就会露出"懈怠"的状态。我想得到一个类似"要是这样练习下去你一定会变得如何"这样的保证。然而，这种保证当然不存在。

从那时的经历中，我学会了把工作的目的清楚地传达出来。

比如在布置日报时，我做出了详细的说明："布置这个日报的目的是提高写作能力，我希望你们把它看作总结归纳要点的练习。虽然这不属于今天做完、明天就有效果的练习，但是坚持3个月、半年乃至一年，一定会对大家的将来有所帮助。如果写作能力提高，那么大家向相关部门传达意见时的文章错误就会锐减，同时也能够写出让客户满意的邮件，并且这还与发表方案的能力息息相关，其他的好处更是数不胜数。所以我希望你们能战胜自己，持之以恒。"

听到这些话，员工就会找寻到自己努力的理由，深信着结果美好的未来，认真地为其奋斗。领导者在交予员工工作时，必须清晰地说明"为了什么、为了谁"。不论怎样的工作，最重要的是作为领导者的你要明确说明其意义。

在商业世界中，《只要×天》《一天×分钟》《轻松做……》

等书籍的大卖即能证明,"孜孜不倦""忍耐""持之以恒"并不受欢迎,"简单""即刻""轻松"这样的关键词更容易被接受。

但是,工作也好,其他事也罢,事实上并不存在施魔法一样马上就能完成的事情。减肥、攒钱,以及形成信赖关系都一样,只有孜孜不倦地坚持才能得到期望的结果。

而在这里,作为领导者必须思考的重要问题是,为了让自己变得更好,应该做什么。换言之,就是必须考虑自己需要练习的内容。

举个例子,假设为了更好地倾听员工的声音,你需要具备提问的能力。为了掌握这种能力,学习如何指导别人、阅读与提问相关的书籍等即为练习的内容。社交的能力、写作能力、人格魅力等,知晓自己变得更好所需要的能力是什么,之后才是开始。

对于你所选择的练习内容,虽然继续练习下去不一定会取得成果,但是我敢肯定,一定比因为害怕得到不好的结果而畏畏缩缩什么都不做优秀得多。因为至少你做过了以后会知道这类的练习内容没有效果,可以重新修改内容,开始别的练习。

在这样脚踏实地地试行各种练习、改正错误后，成果定会出现。

答案并非在做之前就会出现，而是在做完之后。

想要得出答案的话，只能自己着手去做。

反复思考后再去行动，如果并不顺利就再从头做起。这样孜孜不倦地持续努力，才是商业的王道。培养员工持之以恒的毅力，也是领导的职责所在。

07
有意识地赠送"话语的礼物"

当我作为技术顾问支援企业时,我经常有意识地赠送"话语的礼物"。我会思考多时,认真地在内心深处搜寻能让人精神振奋的话语,并在适当的时机赠予合适的人。并且会用尽可能短小精炼的话语,尽可能在众人面前赠予,这样就能触动对方的心灵。

那是我在K公司做技术顾问时发生的事情。因为承担强化业务能力的任务,所以我有时会参加业务会议,有时会和业务员一起去拜访客人。当中有一位Y小姐,她明明很努力却没什么业绩。

每天加班到很晚整理资料,在与后辈协商工作时,比起为自己,更为客户、为同事着想。这就是她给我留下的印象。另外Y小姐有些自卑,明明很努力却对自己很不自信,工作时看起来更像是在逼迫自己。

某天在业务会议上,我突然觉得团队的力量变弱了。大家都开始只考虑自己，销售额停滞不前。

会议进行到最后，我发表了几句见解：

"听完大家的汇报后，我觉得有些违和感。虽然你们嘴上说着是为了团队，但我总觉得那只是表面上的话。如今在团队成员中，真正为了团队、为了同事、为了客户考虑并付出行动的，我认为除了Y小姐外再无旁人。要是没有Y小姐的话，我认为我们的团队会变得更加松散。以我的经验来看，多亏有像Y小姐这样的员工，我们才能达成销售目标，大家认为呢？"

于是成员都纷纷向Y小姐表示"确实是这样""也许是托了Y小姐的福"等，表达了对她的感谢和敬意。

从那之后，又过了一段时间，Y小姐这样对我说："谢谢你那时在大家面前称赞我。"半年以前发生的这件事至今仍是她心灵的支柱，这让我再次认识到了话语的威力。同时，Y小姐已然以团队中最好的业绩完成了目标。

我认为振奋的话语不仅仅是做咨询时使用的，它对于人才的培养有着很大的影响。挑选适当的时机，在众人面前给予的

简短的一番鼓励，会长留于被赠予者的心田。 一同工作的领导者的发言非常重要。话语能提升员工的工作动力，反过来也能一瞬间就夺走他们上进的精神。相信你也一定有过因上司无意的一句话而失去干劲的经历。

另外，语言并没有保质期。因为得到鼓励的情景随时都可以重温，也能以温暖的心情重拾干劲，并且无论赠予多少也不需要支付费用。

"贵公司今后一定会有好的前景""我非常喜欢贵公司"等，在使用能让对方心情变得明朗，让人元气满满、充满干劲的语言的过程中，一定也能使自己受益。你说出的漂亮话，也会为你带来好的影响。

08
导致事业失败的 12 条原因

"以人为镜,可以明得失。"这句格言,你是否听说过呢?

"如果不喜欢别人的行为或者态度,在苛责对方之前,必须把别人的行为与自己所为相对比,并且反省自己是否也曾对别人做过同样的事。"

——节选自《故事百选》

别人的缺点和行为的错误,往往容易被注意到,所以我们会指出别人的错误并让其改正。但是,自己的缺点和做事的错误却常常注意不到,也很难改正。因此,我们要以他人作为自己的镜子来参考,在责备他人之前,先反省自己。

工作也是如此。看着别人的举动,能够思考并采纳他人优点之人,在萎靡不振时也能很快振作。

实际上,在商谈的现场,也有把对方上个月和本月的表现以及表现良好与不好时的差别进行具体传达和确认的情况。领导者作为员工的一面明镜，必须注意到员工表现良好时和状态不佳时的细微差别。因为员工很难看清自己。

就以某个员工失去了订单，也就是以订单失败为例吧。作为上司的你接到了报告，虽然粗略地询问了失去订单的原因、当下的应对方法以及应该改善的地方，但是对于作为领导者的你来说，必须注意到员工的真实想法：是对于失去了订单真的感到后悔，还是内心暗暗把责任推给了别人？尽管通过邮件和电话很难分辨，但通过表情也应能略窥一二。如果他认为自己没有错并把责任推给他人的话，比起对于失去订单的反省，骄傲神情会无意识地体现在脸上，在眼神中表现得尤为明显。

注意对方的细微差别，作为镜子将其"可视化"并传达给对方，让对方看到自己的姿态是非常重要的。

参考其他公司的优点，并让自己的公司得以成长的率直领导者是十分优秀的，但也有很多人不太重视对比。

为了了解其他公司的失败以及原因，用于推动自身公司的成长，下面我来介绍导致事业失败的12条原因。你的公司情况如何？请一边自省一边读下去：

1. 相信目前采用的方法是最好的；
2. 自大地认为自己是专业的；
3. 说自己没空，不想学习；
4. 认为事情总会有办法；
5. 一味蛮干、过度劳累；
6. 自负地认为"酒香不怕巷子深"；
7. 随意使唤人；
8. 尽可能地偷懒，想要不劳而获；
9. 不进行设备投资，一味使用人力；
10. 被客户认为任性且散漫；
11. 认为自己应该冷漠、不讲情面；
12. 反正也做不到，也就不需要改正了。

这 12 条，一看就是不对的吧？

然而，你自己是否也有没注意到的点呢？不责怪别人的错误，而是把它当成自己的事情来看待，重新审视自己的态度，作为领导者这一点是非常重要的。

不论什么事情都能做到吗？如果是自己的话该怎么办呢？ 用这样的方式培养将问题看作自己的事情的习惯，就可以从周围发生的所有事情中学到东西。

09
战胜内心的领导者,是员工勇气的源泉

公司的经营和小团队的运营,并不像跑 100 米一样能够在短时间内取得胜利,而必须像跑马拉松一般长期坚持才能取得成功。因为我也经营过公司,对此深以为然。

我以前也曾经跑过一次马拉松。因为不太喜欢跑步,在决定跑马拉松之前没做什么特别的准备,只是在进行了一个小时跑 10 公里的反复练习后,来挑战正式比赛。

于是,跑了超过 20 公里后,我的脚踝和膝盖开始疼痛,跑到 30 公里的节点时,连股关节都开始发疼,我变得十分不安。

沿途有许多为选手加油呐喊的人。其中令我至今印象深刻的是一位举着"你感到的疼痛都是错觉!"的大字牌,并大声喊着"错觉,都是错觉!你还能跑!"的大婶。

那时的我,根本没有跑完 42.195 公里的能力。因此,只要

哪里稍微有点疼痛了,就会纵容自己的内心告诉自己"已经到极限了""走吧"。虽然我忍着痛走了几公里,但也总算在限定时间内跑完了全程。通过这次经历我明白了,**在做超出自己能力范围的事情时,最终的成功就取决于"能否战胜自己内在的惰性"**。

企业培训中也有全员一起做的很难的任务。大家一边重复着与自己的斗争,一边拼命地努力着。即使自己快要失败了,仍绞尽脑汁努力工作,真的十分优秀。

通过完成困难的任务,大家就能够理解内在的惰性如何妨碍自己了。在此基础上,说服自己能够承担困难的任务,大家的状态就会大有不同。

无论是运营团队还是经营公司,与别人斗争的时间很短,与自己斗争的时间却是压倒性的漫长。因此,领导者自身战胜内在的惰性展示出的样子可以给予员工勇气。

我自己作为经营者,也想成为一个让自己和员工振奋的、可靠的领导者。

健身房的私人教练也是这个道理。世界上有很多不被别人逼着就做不到的事情。我认为要求自己努力是一件很难的事情。

即使想让自己振奋起来,但显然,没有伙伴的支持是做不到的。遇事不要勉强自己独自面对,经常与朋友们交流,创造出能让自己振奋起来的环境才是最重要的。

10
培养员工的正确姿态

无论是工作还是运动,考试还是育儿,我发现对于站在培养人才的立场上的人来说,最重要的姿态是"别人都在看着你自己所无法看见的背影"。

我来更详细地说明一下。比如说,你的员工犯错误了,你不得不把这件事报告给你的上司。那时你的姿态、表情、言语,能说无论被谁看到了都一点儿不难堪吗?

我在做公司职员时,大约与40个直属上司共同工作过。我也见过他们中很多人向上司汇报我的错误的情景。大致分为3种类型。

1. 责怪员工型:原封不动地向上司汇报员工的错误,和上司一起责骂员工。

2. 蒙混过关型:员工有错,在现场的一线员工也有错,客户也有错，等等。汇报各种各样的原因，不明确地指出责任所在。

3. 全盘接受型：汇报了员工的错误，但也因自己没有明确指导员工而感到自责。

你有类似的经历吗？

所有的员工都在注视着你作为领导者的姿态。并且，如果你的家人也看到你向上司报告时的样子的话，你认为如何？

"我自己没有错，都是员工……"

"不，一线员工和客户都有责任……"

说着这种话的你的背影，要是被你的孩子看见了该怎么办呢？

我做棒球教练时就发生过这样的事。有一家来参加棒球体验练习课的亲子活动，孩子总表现出扭扭捏捏、十分害羞的样子。那时他的父母让他"把腰板挺直，好好打招呼！"并按下了孩子的头。

然而，他的父母却并没有以身作则，向我问好。父母没有做到的事情，不应该无理地强加给孩子。在来我这里之前，如果父母总是精神抖擞地与人打招呼，孩子总能看到他们那样的姿态，那么孩子也会理所当然地打招呼了吧。

同样，在看到领导者把责任归于他人或者蒙混过去的样子以后，我认为员工也会成为那样的人。员工也好，选手也好，家人也好，大家都在一直注视着你自己看不到的样子。

那么，领导者要采取怎样的态度才能更好地培养员工呢？

这里我想表达的作为领导者的态度是：首先当作自己的责任来接受。把责任归于他人和环境的话，很遗憾，人就会止步不前。成长停滞不前的领导者的员工，与不打招呼的父母的孩子一样，把责任推给别人和环境也会变得理所应当。

如果团队中有把责任推给别人的风气，那就是因为作为领导者的你表现出了把责任推给员工和别人的姿态。那样的团队存在微妙的不信任感。这种微妙的不信任感正是团队力量低下最重要的原因之一。

不把责任归于他人，而是思考自己能做什么，自己是否能够正确引导员工不犯错误……首先把矛头转向自己并接受员工的错误，接着，在此基础上向上司堂堂正正地进行汇报。见到你那样的姿态后，员工就会获得成长。

第一步

表达感谢，增强团队凝聚力

发自内心地表达感谢，
能够支持员工的成长，成为团队发展的力量！

01
经常表达感谢，改变团队氛围

说到表达感谢，你的脑海中浮现出的词汇有哪些呢？我想其中一个最富代表性的就是"谢谢"吧。那么，"谢谢"的反义词是什么呢？那就是"理所应当"。

你的员工每天兢兢业业地上班也好，为了提高销售额在雨中奔赴客户那里也好，都绝对不是理所应当的事。领导者必须以身作则，真诚地对员工说"谢谢"。

我十分尊敬的 A 老板从来不吝啬向员工表达自己的感谢。无论什么场合，都以"谢谢""帮大忙了"等，来表示自己感谢的心情。公司的氛围也十分温暖，他也营造出了人人面带笑容的职场环境。

但其实几年之前并不是这样的。

几年前 A 老板因为"公司内气氛很沉重，职员们都不快乐"

而烦恼不已。业绩虽然不差，每年都能完成上一年同比120%销售额的目标，但在他看来，大家并不享受自己的工作。正是那时，他找我进行协商。

在最初的几个月里，我把A老板的想法彻底扭转了。

"要是达成了去年同比120%销售额的目标，总务部的H先生会得到什么好处吗？营销部的F先生会有什么益处呢？"

如我所言，要描述出因为公司的成长，员工也跟着幸福的具体场景。

为了达成上一年同比120%销售额的目标，职员们很辛苦。这句话其实是本末倒置的。企业的销售额是"感谢的数额"，换言之，是来自社会的感谢，企业的成长必须是以让顾客和员工幸福为前提的。

在与我协商完三个月后的某天，A老板联系我说："我希望你立刻过来一趟"，我答应了。刚赶到时，A老板就跟我说了这样的话：

"中田老师，因为我今天醒得早，早上一直在泡澡。那时我终于意识到了！当我面对手下的职员时都是'都给奖金了''都任用你了'这样的想法，其实这大错特错！我缺乏对职员们的感谢之心。我该怎么做才好呢？"

在那之前，他不仅没有向手下的职员直接地表示过感谢，反而认为在工作方面严厉一些是理所当然的。作为创业老板中常见的"热血老板"，突然想要向员工表达自己的感谢之情，却不知该如何表达，被道谢的人也会觉得不舒服。于是，利用休息日的周六，我以包括老板和管理层在内的全体员工为对象进行了"感谢培训"。无关部门、性别和年龄，单纯按人数分组，要求他们对组内的成员以便签的方式表达感谢。

员工从并未共事过的其他部门上司那里得到了"谢谢你一直以来的努力""谢谢你那时的帮助"这样的小纸条，我还发现其中有的员工哭了。在那次培训的最后，我向全体员工说道：

"从今天起A老板会开始训练大家积极地表达自己的感谢。最开始也许会有人觉得又生硬又不舒服，但这是老板布置的训练，请大家愉悦接受。并且，如果有人向你表达了感谢，请务必也回复一句'谢谢'。"

从那次培训后，公司里开始有了表达感谢的声音，慢慢地公司的氛围变得明快起来。最初以小纸条表达的感谢，现在已经可以看着对方的眼睛直接表达出来了。

我认为感谢是像说"一直以来谢谢你""多亏了你""你帮了大忙了"等，向对方表达自己想法的行为。如果领导者通过会议经常说出"今天也谢谢大家全员来公司上班"这样感谢的话语的话，员工也会自然变得懂得感恩。

在你的团队中，作为领导者的你对于员工的努力奋斗并不看作理所当然，而是向他们表达感谢，团队的氛围就会焕然一新。并且，想为了你再努力一些的员工会如雨后春笋般出现，最后整个团队的气氛都会改变。

感谢，不光在于行动，更要表达出来。 在表达感谢之情后，不仅是接受的人，表达的人也会变得温暖起来。不要用心灵感应来表示感谢之情，而要用语言、态度、行动来明确地传达给对方。

02
具备感恩之心,团队更上一层楼

我认为领导者最需具备的资质之一就是感恩之心。无论领导者自身在过去取得了怎样骄人的成绩,在员工面前也不该多谈及。领导者所追求的应该是从培养人才的角度去照顾、关心员工,支持员工的成长。因此,要拥有一颗感恩之心。

我在大学时代曾被选入校队去国外比赛。我有幸穿上日本的制服,把帽子放在胸前高歌《君之代》(日本国歌)。那时在比赛场上的情景至今仍历历在目。

毕业后,我作为推销员在一家上市公司奋斗着,在晋升为课长时,获取信息的质量和数量与之前做推销员相比都有所不同,站在经营管理的立场上所见的组织的样子也发生了巨大改变,之前和同事一起抱怨管理层的看法也发生了变化。

因为我亲身体会到了在"更上一层楼"后所见的"风景"截然不同,所以对于做咨询时遇到的企业和个人,我也强烈地想让大家看到只有优胜者才能看到的"风景"。

在自己登上人生一个小台阶时，就能够看到下一个应该登上的台阶。

想成为像某个选手一样灵活的击球员，想成为像某个领导者那样爱护员工的人，等等，只有登上一个小台阶后，大家才会发现自己的理想，才能够以下一个台阶为目标开始去孜孜不倦地奋斗。

我在自己更上一层楼时最先浮现在脑海的是"感谢"。对于从小到大父母和教练等指导者们的养育和栽培的感谢，以及给予我评价的客户和上司、一起努力的员工的感谢，等等。我意识到光凭我一个人的力量是无法成功的，所以心中对于这些人都是满满的感激之情。

现在，相信作为领导者的你一定也抱有类似的想法吧！还是说，你凭借自己的力量就成了领导者呢？

之前，在我举办的以领导者为对象的集训培训中，我布置了"深入思考'感谢'"的课题。

"大家的目标现在实现啦！现在开始给想要表达感谢的人写信吧。"

我布置了这样的课题。一般情况下，突然听到这样的课题，大家也许并不会着手去做，但因为作为领导者候补人选，他们在集训期间通过各种各样的课题真实地面对了自己的内心和未来，所以在写感谢信时，他们的想法似乎受到了很大的震撼。

他们向父母、上司、员工、客户等想要表达感谢的对象写了"多亏有你，我才达成了目标"这样的感谢之语。

很多人边写边流下了眼泪，这些人的故事也感动了我。在这项课题结束后，我说了这样一番话：

"各位的团队达成目标，其实并没有那么困难。比起达成目标，更困难的是相信自己能够达成目标和对员工深信不疑。我希望你们能够抱有目标一定可以达成的坚定信念，相信自己和员工。今天你们写下的这封信，不交给对方也可以，交给对方也可以。但是，信的内容与感谢的心情从今往后都不要忘记，继续保持下去吧。"

在那以后，过了好几周，我收到了参加了那次集训的 H 先生发来的邮件。

他在邮件中说，自那次集训后，他再和员工一起去拜访客户时，他在途中感谢员工的陪同，对客户也说了"多亏了贵公司，我的员工才得以逐渐成长起来"这样感谢的话语。后来，他的员工十分欣喜地汇报说，那位客人表扬了自己，并且交与他们一个大项目。

在进入一个新阶段时，他们的领导者自不必说，而包括他们的员工在内的团队会有怎样的成长，会有怎样的变化，我期待不已。

进入一个新阶段并意识到这一过程是工作、是人生中很重要的事。随着阶段的提高，关照过自己的人和与自己有关的人也会随之增加，感谢的心情也会变得更浓。而正是这种感谢之情，支持着人们的成长，成为他们更上一层楼的力量。

03
写封感谢信，提振团队精神

关于前文在讲领导者培训时提到的感谢信，这里我再详细地说明一下。

感谢信是从你想象目标已经实现开始的。比如说，假设团队的目标是"达成销售额××日元"。我们将时间瞬移到年末前一天确认过数字、确信达成目标的那一刻，然后尽可能具体地想象那时自己的心情、表情、所处的情景等。

作为领导者的你，并不是靠你一个人的力量来达成目标的。员工和上司、其他部门的工作人员、交予工作的客户、每天让你放心去工作的家人等，正因有这些人的多方支持，你的团队才得以达成目标。那时，你最想感谢的是谁？读到这里时，是谁的面容浮现在你的脑海？

将自己带入达成目标的那一刻，为你心中的那个人写下表达感谢的手写信，这才是真正的感谢信。

据说最近进军甲子园的一所高校要求队员在夏季的预选赛前完成这样的感谢信：他们具体地想象在县预选赛的决赛中获胜、拿到甲子园门票的那一瞬间，给脑海中浮现的人写了感谢信。

感谢信的效果自然不必说，其中最重要的是能够意识到"自己的努力是为了谁"。只是为了让自己感到快乐的话，目标其实是很难达成的。如果你想要减肥的理由仅仅是获得帅气的身材、站在镜前心花怒放地欣赏自己的话，其实这种理由十分脆弱。而以为了让同伴感到快乐，或者以为了让其他重要的人感到快乐为目标的人，在面对向目标努力途中的艰难险阻时会更顽强。"我想在甲子园露脸让自己出名"这样的理由虽然也不错，但是与以"我想带着从小学开始就一直支持我的父母去甲子园""我想带着每天给予我指导的教练一起去甲子园"为理由的人相比，两者为目标努力的韧性是不同的。

作为领导者，团队的目标是"达成销售额××万日元"，达成这个目标后想让谁高兴，谁会高兴，会发生什么样的好事等，有必要尽可能具体地想象这些问题。"老板会很开心""那个客户一定会很高兴"等，如果真的想要为了某人完成目标的话，那么现在就向那位写下表达感谢的感谢信吧。

这里我再重申一遍，写感谢信的要点有：

1. 尽可能写得真实些；
2. 以实现了未来的梦想为前提来写；
3. 即使无法交给本人也没关系，跟随自己的心诚实地写。

只凭你一人的力量是难以达成目标的，所以周围人的帮助和支持很重要。通过想象着完成目标后你想要让谁开心，谁是最开心的，以及你最想向谁传达谢意，为那个人写出表达感谢的手写信。

字数没有限制，短短几句或长篇大论都没关系，请尝试着实际写写看吧。

在写信的时候，你抱有怎样的心情呢？变得温暖起来了吗，还是像武士临阵前一样变得精神抖擞、干劲十足了呢？

我建议领导者本人尝试着去写，然后在会议中进行说明，并且也让员工去写。各位员工也一定有上司、朋友、家人、客户等想要表达感谢的人。

其实我在自己的人生之路上也写过许多感谢信。当我在朝着自己的目标努力的途中碰壁时，一定会尝试着向那时想要感谢的人写下感谢信。其中有写给老师和亲友的，也有写给其他人的。不可思议的是，即使不把感谢信交给对方，我也能自然地向对方表达感谢之情。

作为领导者，也请你尝试着自问一次想要感谢谁吧。并且以目标已经实现为前提，向那个人写一封感谢信。在亲身体会到其效果的基础上，把这个方法介绍给你的员工吧。你的团队力量会有惊人的提高。

04
怎样让团队变成一家人

以我做技术顾问的企业为实例来谈谈吧。

兵库县的某个中小制造商 P 公司邀请我担任顾问,主要是和管理层进行会议和计划,但是在社长的要求下,我获得了跟职员们面谈的机会。

与每个人的面谈大约用时 30 分钟,持续了整整两天。其中有位 M 小姐令我印象深刻。人事部的资料显示她"进入公司已经两年,看起来没有自信"。

在询问了 M 小姐实际业务的内容、最近发生的开心的事情、将来的梦想和目标之后,我对她做出了这样的提问:

"要是问你至今为止最想感谢的事情和最想感谢的人,你有什么想法吗?"

于是 M 小姐回答道:"当然有,是我的父母。"

我接着问她:"那么你对父母当面表达过感谢吗?"

M 小姐突然就落下泪来。

询问后才知道,原来她从大学入学后离家 6 年,这期间一次也没见过父母。她告诉我说:"虽然真的很想回家,但害怕一见到强烈反对我因升学而离家的母亲,就被强制留在家里,所以不敢回去。"因为在进行面谈时正好是 12 月,于是我说道:

"M 小姐,能否跟我约定你今年的年末归家呢?并且,你能当面向父母表达'谢谢你们让我上大学''谢谢你们让我参加工作'吗?"

M 小姐虽然想着"为什么这个人跟我说这些莫名其妙的话",但是她遵守了与我的约定,新年回了家,并且向父母郑重地表达了感谢。

新年伊始的 1 月,我收到了 M 小姐直接寄来的信:

"中田老师,好久不见。我是 P 公司的 M。谢谢你那时候和我面谈，我遵守了跟你的约定，时隔6年在新年时回到了老家。我受到了很大的冲击。父母看起来好像比我想象中还要衰老。

在这6年间，我不光没有回家，连联系他们都几乎只用邮件，所以他们的面容和声音在我的印象里都是如6年前那般。但是在父母看来，似乎都觉得我是离家出走了，母亲以为再也见不到我了，十分伤心，精神上也陷入不安。听说她想要给我打电话却被父亲制止，几次想要一个人来兵库县见我却又打消了念头。

我做了多么任性的事啊，只顾着考虑自己。这次回老家见到了父母，我认识到了自己的错误。我必须成为为身边人的感受着想的人。

那时，激动的母亲流着眼泪对我说，'谢谢你能出生。'我真的很开心，我不是一个人，我有我的家人，虽然羞于说出口，但我发现我对自己稍微有了些自信。以与你的面谈为契机，今年我仿佛重获新生，真的非常感谢你！"

我经常跟P公司的老板和领导者说："作为管理者、作为领导者，对你团队的成员多一些关心，让整个P公司的气氛都像家一样吧。"

在和 M 小姐的面谈中，我感受到"缺乏自信难道不是因为对他人的感恩之情的传递机会太少了吗"这样的事实，所以我想让她向作为感谢的起点的父母表达感谢之情。通过表达感谢，然后再接受传达过来的感谢，人会变得温暖起来。

特别是身为领导者的你，向员工表达感谢的行为，会成为你的团队如家人般团结的契机。如果你发自内心地向员工表达感谢的话，员工也会感谢你。平常十分温暖且关键时刻异常团结的团队，其实就是这样构筑起来的。

从那之后，M 小姐仿佛变了个人一样，脸上逐渐有了笑容，开始有兴趣挑战各种工作，并且会抽出时间回老家孝敬父母。

家人是感谢的起点，为了让你的团队变得像一家人，你是否有头绪从何下手呢？

05
带上礼物，表达关注

去拜访客户时需要带一些小礼物，你会怎么准备呢？去离客户公司最近的百货公司，并选购点心盒，是吧？那么你为什么选择百货公司呢？我猜那是因为百货公司的包装袋上有商标。因为是××百货公司的商品，想让对方觉得这礼物一定不错。

我并没有否定的意思，但是站在接受方的立场上考虑一下如何？赠送礼物是表达感谢的一种方法，即使它们价格并不高。**在表达感谢时，重要的是是否向对方表达了"这是我为你精心挑选的商品"。**

我访问某企业时带的礼物是两瓶100%纯度非常美味的瓶装苹果汁。虽然见面的对象是社长，但我之前经过调查发现，员工半数以上都是女性。

"因为这个苹果汁是我有史以来喝过的最超群绝伦的美味，请务必从老板至各位职员共同享用。"我顺便说了一句并递给他们。

其实两瓶瓶装的苹果汁相当沉,这让社长十分惊讶。因为那个企业位于离车站要步行20分钟以上的地方,他对我拿着这么重的东西走了20多分钟感到非常高兴。此外,因为苹果汁真的很好喝,员工好像都很高兴,当天社长就打来了电话。

"那个苹果汁你是在哪里买的呀?希望你能告知我。我手下的员工说想天天都喝到,所以想买来放在公司的冰箱里,我也很苦恼啊。"他非常高兴地说道。

如果要向对方表达感谢的话,就要彻底为对方考虑,让员工和家人高兴,送让别人心情愉快的礼物是最合适的。

在员工的纪念日送上小礼物时也是如此。说起来,你已经掌握了所有员工的生日了吗?员工的结婚纪念日呢?员工孩子的生日你有头绪吗?看起来好像与工作没有直接的联系,但是对于员工本人来说,那个日子可能比工作更加重要。

在这样重要的日子里,你要向员工说声"一直以来谢谢你",然后送上合适的礼物。在员工生日当天对员工说:"今天好像是你生日吧?走吧,我请客,去喝酒。"这样的领导者是不合格的。

我来介绍一个以前我听说过的失败经历，那是我的某个客户给我讲述的他晋升为董事的故事。他的公司申请了经费，给了他1万日元商品券，日后他告诉我说：

"由于人与人不同，有人会误解自己晋升的价值只有1万日元，所以在给商品券时最好注意一下。即使同样的1万日元，也应该有更高价值的使用方法。当然也有不考虑这么多、对于得到商品券不太在意的人。"

送礼也是向对方表示感谢的一种有效方式，同时送礼的人是考虑到了什么程度来选择送的礼物，还是根本什么都没考虑随便选的，选择礼物的态度也会一并传达给对方。努力为对方考虑，作为领导者要关注员工并倾听他的声音。

06
3个要点,激发员工自信

你擅长认可别人吗?

所谓认可,是在指导时表现为"承认",作为领导者,这是管理员工工作动力时不可或缺的重要因素。无论是谁都有想要被认可的欲望。甚至,有的人可能只会认真听从认同自己的人所说的话。

因此,为了激发员工工作的动力,首先要做的就是"给予对方认可"。

认同对方,并表明这种态度是非常重要的。而要说这个"认可",意义非常深奥。下面我来列几个要点:

第一,认可结果的价值。

比如,当员工获得了新客户以及达成了每月目标时,或者当孩子在考试中取得了优异的成绩时等，你要认可对方得到的结果的价值。

第二，认可过程的价值。

比如，当员工为客户孜孜不倦地整理资料时，你要表扬他"你总是这么努力啊"，或者当孩子做作业时你要表扬他"你总是这么用功"，等等，发现对方奋斗过程中的价值并表达对其的认可。

通过这样认可结果和过程的价值，可以令对方心中逐渐积累"有根据的自信"。

"虽然想尝试着去做，但是没有自信"。对于这样类型的员工，以这种方法让其积累自信是十分有效的。队伍中如果有"没有自信无法行动"的员工的话，这样的人就无法发挥出百分之百的能力，所以团队力量必然会下降。并且，这样也会使周围的其他员工陷入懈怠的不良境地。作为领导者，你有激发员工自信的职责。

然而，以认可结果和过程的价值所激发出的有根据的自信也是有一定风险的。有根据的自信在其根据崩塌之时会骤变为

"反正自己就是这样没用"的自卑感。

就以因为人事变动的情况为例。在之前的部门做出很好成绩、周围的人和上司都刮目相看的人,一旦调到其他部门,业绩就会下降的情况也十分常见。无论哪个公司都是这样,这些人会把在之前部门的业绩和现在的业绩进行比较,之后产生"反正我就是这样没用"的自卑感。

因此,作为重中之重——**第三是给予对方没有根据的自信。**

即使对方一无所有,也**认可他存在的价值。**

"你当然也是团队中重要的一员哦。"
"看到你的笑容,我被治愈了……"
"听到你的声音,我感到十分安心。"

像这样,不因其努力的结果,也不因其正在努力的过程,而是通过感谢其存在来积累员工的自信。

接触了很多当今年轻人的我可以说,单纯给予表扬是毫无效果的,甚至会有反作用。但是,一直认可结果、认可过程、认可存在本身的话语，一定能给予员工动力，并培养他们的自信。

员工的自我认同感会通过这些话语得到提升，他们会变得不惧失败，接受更多挑战，另外，对于工作也会更加坚持。我见过很多年轻人在快要放弃的时候，会不相信自己就这样不堪一击而更加努力，下功夫积极地为客户服务。

当你的团队越做越大时，对于员工来说，作为领导者的你即为公司本身。经营理念和作为经营者的想法固然重要，但是你要知道，在每天的工作中，你的话语和姿态都会使员工的工作动力受到极大影响。

如果对员工有自信，也会给周围带来影响，团队的气氛会发生很大变化。领导者认可员工，并培养其自信是非常重要的。

要让员工干劲儿十足，首先要认可员工的能力

获得肯定的员工会重拾自信，充分发挥力量

引导出自信的 3 个要点

❶ 认可结果的价值
- 当员工获得了新客户时
- 当孩子在考试中取得了不错的成绩时

❷ 认可过程的价值
- 当员工埋头整理资料时
- 当孩子做作业时

❸ 认可存在的价值
- 肯定当前的一切存在

员工的表现得以提升

07
秉持"公众精神",享受领导者角色

这是从我的大女儿那里听来的故事。

大女儿在高中时期曾是公立高中的棒球队经理。高中入学那年,毫无运动经验的她竟能成为棒球队的经理,让我很惊讶。

我问她为什么会这样。

"虽然我一直很憧憬进入运动部,但是因为我并不擅长运动,所以只在文科系做自己喜欢的事情。但是通过进入高中后加入团队运动并支持团队的工作,感觉对自己更有自信了,所以下定决心去做啦!"

她这样回答道。

自那日起,她一大早就背着巨大的漆皮包去学校,汗流浃背地为部员奔波,深夜才回来。这样的生活持续了两年半。

后来,最终决赛结束,她的"夏天也结束了"[1]。虽然团队没能进入八强,但我认为在达成那个"结果目标"的道路上,她发现了很多珍贵的东西。

"真正重要的不是结果,而是过程。"

她在那两年半的时间内,每天回家都说"好开心啊……",即使某天被顾问和前辈们批评了,最后也会说:

"但是各位部员也都帮我辩解了,我很开心!大家人真好……"
"××君,最近很努力!"
"比起我自己,大家好才是真的好!"
"我知道接下来应该怎么做啦!"

听她好像真的很开心地在说这些话时,我也很欣慰。

我认为她似乎在那两年里学习到了"公众精神"。所谓公

---

1. 日文中"夏が終わり"多有隐喻人生重要阶段完结之意,这里引申为"她得到了成长"。——译者注

众精神,换言之就是"从心底为对方着想的心理"。我学过这样一个道理:在认为"只要自己好就好了"而为私利、私欲奔走时是为"动物脑",而领会公众精神时方为"人脑"。

工作时只考虑自己的事情,仅是动物脑罢了,为对方着想,也就是说思考如何为社会做出贡献,持有这样的视点,大脑才会更加平衡地工作。

大女儿作为经理,经常为部员考虑,为团队考虑,并且把其看作愉快之事。她十分温暖,充满了利他之心。

她的"夏天结束了"。不能背着那个漆皮包了,也不能在午休时做饭,不能捏好饭团带去给部员,更不能坐在长椅上写成绩了。但是,即使在最后的那一天,她也是说着"啊……好开心啊",并带着笑容回来的。

我问她:"你怎么没哭?"她回答道:"我要是哭了,部员们也会更加伤心,我真的非常感谢大家,所以下定决心一定不哭。"

然后她说着"谢谢你一直以来支持我"并向我表达了感谢。

"因为爸爸妈妈一直支持我,我才能竭尽全力支持部员们。能为大家应援,我真的很开心!所以我好想对我周围的所有人大喊'谢谢你们!',真的非常感谢大家!"

无论是什么样的工作,怎样的角色,能够以享受之感完成的人就是无敌的。你也一定会在享受现在作为领导者的角色中,找寻到珍贵之物。

只有为员工着想,展示出享受着以"公众精神"贡献社会的模样,才能使团队力量更加强大。如果领导者不秉持着"公众精神",只追求眼前的销售额和私利、私欲,会有什么后果呢?答案很简单。你的员工也会同样变得只谋求私利、私欲。而动摇公司根基的问题根源,在大部分的情况下都是因私利、私欲产生的。

抱有"公众精神"意识的领导者的团队会使员工产生支持对方之心,会营造出为客户着想的氛围。因为员工是看着领导者的背影成长起来的,所以他们也会自然而然地习得"公众精神"。

08
为什么有的员工只会等待指令做事

前几天,我在与某个社长谈话时,他说了这样一番话。

"我公司里的人只会等待指示做事……"
"虽然想着要好好培养而一直努力着,但是……"

因此,为了了解公司如何培养员工,我请求社长让我在公司里待了一会儿,观察公司的日常氛围。于是,正如我所预想的那样,社长的控制力很强,几乎看不到员工的自主性。大约两个小时后,我和社长再次面谈了关于管理的事情。

管理大致分为管理型管理和培养型管理。

造成等待指令做事的是"管理者",培养自立型人才的是"培养者"。我在一家上市公司担任管理职务的时候面临的情况和上文社长所说的一样,我想这是在无意识中对对方进行管理,促使其听从具体指示做事所导致的。这样一来,对方就会变得越来越依赖，不独立思考，也不会说出自己的想法。

当我成为管理人员的时候，作为上司，我想要员工对我的话言听计从。而现在却在反省，"员工按我所说行事，就不会出错"是过于自大和明哲保身的做法。

我认为不该这样，于是产生了提高对方的自主性的想法，所以现在我不想站在管理层的立场上说话，也不想勉强对方对我言听计从。取而代之的是，要让对方自己思考，并尊重他们自身的想法。这一点要铭记在心。

下面的对白和态度会让人只会等待指示做事。为了培养自立型人才，请视其为反面教材并引以为戒。

① 对方还没领会意思就强制让其接受
"没办法啊，这是工作。"
"我也不懂，这是公司的指示。"
② 暗示对方（照做后）未来的好处
"不照我说的去做的话，会影响你出人头地。"
"我是为了你着想才这样说的。"
③ 自己已经先放弃了
"这件事我的公司不行，做不到。"

④ 煽动对于未来的危机感

"这次要是失误了,你就完蛋了。"

⑤ 事不关己,高高挂起

"那是你的工作吧?与我无关。"

⑥ 把责任归于对方

"你自己考虑吧。"

"那可都怪你。"

⑦ 不把话说清楚

"我现在很忙,以后再说。"

⑧ 向对方表示不感兴趣

"不要反复说同样的话。"

这样下去,领导者就会通过管理性的、单方面的发言导致员工只会等待指示做事。

如果你真正地想要培养人才,那么就要彻底分清培养与管理两者的差别。是只教导何为正确即可,还是让员工拿出勇气来挑战?另外,你究竟是想成为管理者还是指导者呢?

然而,培养需要时间。如果追求即时性和效率的话,也不能一味否定管理型领导者。但是,管理型领导者无法保证员工后续的发展，也有可能会剥夺员工的思考能力。培养型领导者则需要花费时间，有时或许也需要忍耐。然而，这样更适合培养员工独立思考判断的能力，员工的成长也会相当迅速，能够打造出强大的团队。

你作为领导者是否能为员工的成长给予支持呢？是否有了真心希望员工越来越好的觉悟呢？领导作为管理者，我不认为应该由员工来支持。你的团队要向哪个方向努力，你应该把团队向哪个方向引导，这些都是应该由作为团队主心骨的你来决定的重要事项。

导致员工等待指示的 8 个因素

❶ 对方还没领会意思就强制让其接受
❷ 暗示对方（照做后）未来的好处
❸ 自己已经先放弃了
❹ 煽动对于未来的危机感
❺ 事不关己，高高挂起
❻ 把责任归于对方
❼ 不把话说清楚
❽ 向对方表示不感兴趣

不论以上哪种，都是按照自己的想法
指挥员工的管理型领导者，
这样一来，员工自然而然会变成一味等待领导指示的人

不一味地指示员工，
而是培养他们自主行动，
这才是王道

09
与其追求成果，不如定向培养

作为领导者必须注意要有这样的思想准备，那就是不只关注成果，而是以个人成长为焦点与员工接触。虽然领导者固然追求取得成果，但仅仅这样是不够的。

假设你是某高中棒球队的领队，全国的高中都在以进军"甲子园"为目标不断地进行着激烈的竞争，你仅仅在甲子园出场就足够了吗？

对于高中棒球队的领队来说，获得优胜的同时，他们也有义务给予孩子们高中生必要的教育，完善他们的精神层面。

活用优胜这一巨大目标，促进并支持每个人的成长才是我育人的理念。我认为，在每个成员都贡献力量、团队互助、共同朝着巨大目标前进的沿途，有很多教人成长的宝物，那时则需要看领导者的本事了。详细情况将在其他项目中进行说明，比如动机的管理、自立的姿态、困难的重要性、正确的指导等。

相反，若指导者不以培养为重点，拘泥于优胜的成果的话，会有怎样的后果呢？可能他会偏向于任用优秀的选手，过于勉强他们连续投球而导致手肘受伤，也可能让无法进入队伍的选手失去干劲，甚至引起严重后果。

类似的事情其实企业中也会发生。只关注下达目标的领导者，比起员工的成长，他们更在乎成果。换言之，不以过程而仅以结果为基准进行判断。这样的领导者日益增多也是当今社会之现实。长时间连续训斥员工，对业绩差的员工视而不见，对业绩好的员工百般溺爱，这样的领导者形象难道不多见吗？

我希望你能成为活用下达目标以促进并支持员工成长的领导者。把重心放在个体的成长上，贯彻认真对待每个员工的态度，这是非常重要的。因为员工始终注视着你自己所看不见的你的"背影"。

也就是说，你如何对待员工和上司与你珍惜着什么而活下去的"理想的状态"就变得重要起来。员工会看着你的背影，听从你的话语成长起来。既然你被员工注视着，那么你所需要做的就是谦虚与诚实。不要采取说教、管理的态度，而是绝对不能忘记对你的指导心怀感谢的努力奋斗的员工的姿态。

虽说如此，但你的上司或许只追求成果。当然企业一定会专注于目标的成果。但是，你作为负责团队的领导者，对上司或公司说明了你的管理政策吗？

对下属进行适合其自身的定向培养，比只追求成果要困难得多。但是，这样做可以提高团队的工作效率。

第二步

相信一切可能性，用真诚给团队赋能

领导者相信一切的可能，
是团队成长的秘诀！

01
打开自己的"可能之窗"

这是我在 A 公司进行分级别培训时发生的故事。当时我面向 20 多岁的年轻职员实施了"强化动力培训"。

其中一项内容是以"将来想成为什么样的人"为题的职业规划培训。20 多岁的年轻社员想法十分新颖,有人有"我想成为这个公司的老板赚大钱"以及"我想在最喜欢的巴黎成立分公司当老板"之类可以在公司内实现的梦想,也有人抱着"想经营酒吧""等 50 岁退休后想去南方的小岛养老"之类公司外的人生规划。我认为他们都很有想法。

培训后,经过与人事部长和老板的一番交谈,我明白了这样询问的理由。因为这家企业的事业是创造新事物、社会上没有的东西,所以关于所有的可能性都以"是否新鲜""是否有趣"为基准。包括社长在内,领导层也都是以同样的标准工作的,所以年轻人能够轻松地想出点子来。

在另一家 B 公司进行分级别培训时，我面向 40 多岁的课长组实施了同样内容的"强化动力培训"。

你认为结果如何呢？

首先使我震惊的是，他们完全不动笔。即使我说："自由地写下未来的计划吧！"过了 5 分钟、10 分钟，还有人抱着头、有人扭着脖子，结果大概一半的人什么都没写。

有很多领导者自己都不相信自己的可能性，那这样的他们如何培养自己的员工呢？经常说"但是……""反正我（不行）……""因为……"并对自己的可能性持否定态度的领导者，我不认为他们会相信员工的可能性。

但我觉得这一定不是他们的错，而是长年墨守成规的公司内部气氛影响的结果，他们就那样被传染了。

由于 B 公司老板希望培训目的是"通过提高领导层的活力来使公司活跃起来"，我对他的员工说了这样一番话：

"人会尊敬给自己鼓励和提升自信的人，也会产生'为了这个人而努力'的想法，这会加强面对困难的毅力。现在大家都不相信自己的可能性，可就毫无办法了。当下公司内的气氛就是这样的原因导致的吧。但是，现在让我们来结束这种气氛吧。各位的员工其实隐藏着很大的可能性。各位是想把他们的可能之芽扼杀呢，还是想培育起来呢？社长想让大家提振精神，所以今天把我叫来了。为了打开大家的'可能之窗'，我才来到了这里。"

接下来，我设置了这样的课题：

"如果没有任何限制的话，你真正想做什么呢？想怎样过50岁时的生活呢？请一边思考这些问题一边写下自己的全部想法吧。"

于是，大家开始动起了笔，"我想搞有机农业""想去劳动部门对工作方法进行改革""认真地以老板为目标"等，大家真的写下了非常独特又诚实的想法。

原因是他们通过我说的话理解了社长相信他们自己的可能性。在那之前，虽然社长说了很多鼓励他们的话，他们的心也没有被触动。他们并没有"要为了社长而努力"的想法。但是，现在他们共情到了"让公司得以成长的是亲临现场的领导""所以希望领导能打起精神来"等社长的真正心理，于是团队以那天为界重获新生。

上文以 B 公司为例进行了说明，我想大多数 40 多岁的管理人员基本上都是 B 公司那样的。虽然能够理解他们为了守护家庭必须有稳定的收入，然而上述"已经 40 多岁了，所以做不到了"这样否认自己的可能性并不可取。**我认为相信自己的无限可能性，孜孜不倦地努力，不断地磨炼自己才是人生丰富多彩的秘诀。**

02
赋予动力，相信员工的可能性

有很多成年人从孩童时期起就被拿来与身边的孩子进行比较，并被指出不足之处。我在小时候也曾受到过这样的待遇。这里，我所写的是关于我少年时期的经历和从中得出的认识。

我最难过的就是被拿来与别人比较，尤其是与比我小 2 岁的弟弟相比较。弟弟与我不同，他很擅长运动，打小就是跑得很快、十分敏捷的孩子。

在上小学时，我所加入的棒球队每次都有跑垒。因为绕内野（一、二、三垒）一周（跑到本垒）是两个人进行的赛跑，有一次球队的教练笑嘻嘻地对我说："你和弟弟一起跑吧！"

周围的朋友们边笑边说"快跑快跑！""输了的话要接受惩罚哦！"等催促着我，那时候受到的屈辱至今难忘。

如果真的是出自于领队的"爱"或者"为了什么（目的）"

的话，我也不会有这样的感觉吧，但我只能感受到他只是觉得好玩而利用了我，我被当成了笑料而已。

结果我输了，朋友们和领队爆笑出声，弟弟在旁边天真地振臂高呼胜利。我曾有一瞬产生了"要不放弃棒球吧"的想法。虽然我真的很想哭，但是一想到要是哭了会更加丢脸，所以拼命地忍耐着。那时，一位教练把我叫到操场的一角，对我说了这样的话：

"很难过吧？你已经很努力了。虽然你身体矮小又很笨拙，但是我相信当你上了高中以后，一定能成为非常棒的选手哦。我能预见你的未来哦。所以现在忍耐一下，努力打好自己的根基吧，那样下来一定会绽放出美丽的花来！"

在那之前辛苦忍耐的我，在听到这番话后号啕大哭。

被看作笑料的不甘心，再加上输给了弟弟的屈辱，与被人理解的喜悦混杂在一起，我大哭了一场。有人理解了我的不甘心。不仅如此，他相信了我的可能性，让我看到了我的未来，我喜极而泣。

当时所听到的那番话，连同那时的教练的面容和声音、操场的风景等所有的一切至今仍清晰地浮现在眼前。自那以后，那番话成为我的精神支柱，在遇到痛苦时，立刻浮现于脑中给予我勇气。渐渐地，我开始相信自己的可能性。

通过这一经历，我学习到了十分重要的东西：

"**如果有人比你自己更相信你的可能性，这将成为你克服困难的原动力**"。

在一直被人比较着长大的现实里，很多人都不相信自己的可能性。从我那时的经历出发，我绝对不会把人与人进行比较，反而我会比任何人都真心地相信身边人的可能性。我会对他们说"我比你更相信你的可能性哦"，绝对不会说任何对未来充满怀疑和扼杀可能性的嫩芽，以及类似"你怎样都不行"的话。

在经历了奇迹般成长的人身边，一定有对其可能性深信不疑的人存在。小时候得到信任的我，会运用信任的巨大威力坚定不移地相信重要的人。

你信任自己的员工吗？或者说，你是相信员工的上司吗？在培养员工之前，请务必相信，通过与你接触，他一定会变得更好。对于员工来说，上司无法信任自己是一件悲剧。他为得到你的信任而耗费精力，为了不失败寻求稳定，就会导致工作水平下降，从而也无法为客户使出百分之百的力量。

反之，领导者能对员工的成长给予信任的团队能够安稳人心，战胜困难。

其实你的身边有很多不相信他人的可能性的人。而且，有很多人连自己的可能性都不相信，给自己套上了枷锁。**正因如此，请你务必首先要相信自己的可能性，接着再相信员工的可能性。只有这样，才能让你的团队变得更加强大，才能极大地提升你的共情力。**

03
认真对待，切忌忽视小事

我曾见过很多领导者。并不仅是经营管理类，我也接触了事务类和技术类等各种职业的领导者，总觉得其中很多人跟员工的关系比较冷淡。下班后几乎不和员工聚餐，问了理由，基本都是"现在的年轻人即使邀请也不来"。

然而，我认为问题出在领导者本身。那是因为，觉得认真待人很麻烦的领导者日渐增多。

"冒昧地问下，你每天都认真工作吗？"

"难道没有偷过懒吗？"

"偷懒反而更累。"

这是前 SMAP（日本歌唱组合）的木村拓哉曾说过的名言，听起来很酷吧？我认为即使没有人看着，不偷懒也是十分困难的。在上司、教练、老师以及父母面前佯装努力，却在无人看到的地方偷偷发牢骚，十分懈怠。

你难道没有过这样的经历吗？十分惭愧，我就有过这样的经历。

在高中的棒球队时，因为练习中连一滴水都不能喝，我为此花了很多功夫见缝插针：在操场的饮水池中浸湿自己的手帕，然后藏起来偷偷喝点，在操场边缘的草丛里藏好水壶，假装去捡球稍微小饮一口等等，搞了各种各样的小动作。

然而，跟前辈们一样，藏水壶的小伎俩很快就被识破，经常以失败或者未遂告终，被狠狠地批评一顿。但是，也曾有成功的时候。虽然得逞的那个瞬间，心里想着"太棒了"，但是我立即意识到，虽然我感觉没人看到，但实际上会被最不想被看到的人看到。没错，那个人就是我自己。

比起吸取湿手帕中一点点水的喜悦，随后来袭的是更多的羞愧感，以及对朋友的歉意。

你觉得"反正也没人看到，无所谓"的姿态，其实你自己是最先看到的。

你"即使没人看着也丝毫不偷懒"的姿态，也是你自己最先看到！

通过棒球，我体会到了经过真正地奋斗后得到成果的乐趣。所以，虽然还有不足，今后也要堂堂正正地说"偷懒反而更累"。

为此要做好的心理准备是：不要忽视眼前的小事，与眼前之人真诚相待，并保持下去。

你作为领导者，要认真面对眼前员工的成长。所谓认真面对，就是比任何人都更相信员工的成长，无论发生什么都支持他们，仔细倾听他们的声音。虽然需要信任、支持、倾听，但是偶尔的批评也很有必要。信任员工和娇惯员工是完全不同的。详细内容我会在其他事项中说明，但批评有瞬间改变员工力量的效果。

团队朝着目标前进时，轻视员工是禁忌。若这种状态在队伍中开始蔓延的话，这是作为领导者也无法挽回的。领导者的重视与员工的成长密切相关。认真面对员工成长的领导者所带领的团队中毫无懈怠的气氛，而是充满谨慎和信赖。

你的团队是否以胜利为目标而埋头苦干呢？还是说更看重

快乐呢？只有改变你自身的态度，你的团队才能焕然一新，员工的态度才能改变。

04
以身作则，促进员工成长

这件事发生在我上小学的时期。那时我加入了当地的少年棒球队。从一年级到六年级，队伍的成员超过了50名。因为成员都是小学生，并且大多数孩子都是外行入队，所以需要很多照顾孩子的父亲做教练。但是，并不是所有的父亲教练都有过打棒球的经历，其中也有对此一窍不通的。

有一天，当我和朋友去公园玩耍时，遇到了一个毫无棒球经验的父亲教练。那时很多孩子都看不起他。在我的印象中，即使他发出什么指示，也有很多孩子不太听从他的话。

那位教练一直在对着球网练习防守打球。他目不转睛，只是专心致志地一个人对着球网练习打球。虽然我那时只是个孩子，却也感受到了孤独的气氛。

回到家后，我给父亲讲了看到的事。父亲说道："那个教练希望你们变得更好，希望你们变得更强，他只考虑了这些问题。"

我无法忘记当时受到的冲击。他并不是为了自己不被孩子们看作傻瓜，也并不是为了自己练习，而是为了让我们变得更好，为了让我们能更好地防守打球，这样的为了"别人"而努力练习着。我十分震惊。那个教练一直照顾我到六年级。最后，到了高年级时，再也没有人看不起那个教练了，也多亏了那个教练，我们才得以进步。

在我做公司职员时，也曾有过这样的上司。那位上司并不显眼，也并不引人注目。他既不严厉地生气，也不善言辞，在我们这些员工的眼里，虽然说起来很失礼，但是他确实很"无害"。

有一天，听说他通过了教练资格考试。据说他自费支付数十万日元，在指导学校学习了一年。他说，他是为了帮助作为员工的我们而学习的。我想起那个上司对我说过的话，当时也受到了冲击。

你是否发现了我少年时期的棒球教练与不善言辞的上司两者间的共同点呢？这两个人都以除了自己之外的"别人"为目的来激励自身成长。

我在企业培训和做顾问时，之所以经常说："**把自身与别**

人的成长关联起来，展现自己成长的姿态是很重要的"，就是因为曾经亲身经历过上述两件事。

"自身的成长只以自己为理由，其实很脆弱。为了你希望成长的人展现你成长的姿态，才是最棒的示范。"我接着说道。

顾问业界也是如此。有为了帮助客户而学无止境的老师，也有为了自身的利益学习的老师，还有一眼就看出毫无学习之心的老师，等等，各种各样的老师都存在。

我想，对你来说也一定有殷切盼望能成长起来的非常重要的人。请你为了那个重要的人，展现出为了自身成长而努力拼搏的姿态吧！那样的努力背影一定能给予他勇气，助力他的成长。

作为负责员工的领导者，你万不能停下自身的学习和成长。为了帮助员工的成长，你需要让他看到你自身成长和努力奋斗的姿态。这样才能促使员工成长，使团队变得更加强大。

05
两种表达,让员工恢复干劲

我的工作之一,就是促使客户最大限度地发挥自身的干劲,并对客户得到的成果进行咨询。为此,我学习了许多有关于如何使人充满干劲的知识,并且也为此做了许多实践。在指导企业的领导者时,我也有意识地在最大限度地发挥干劲上进行实践。不管怎么说,对方是有个性特征的人,用一概而论的办法是行不通的。但是我很清楚,人的干劲会因"使用的语言"而发生巨大的变化。其中有两个要点。

第一,积极接受的能力。

这也可以说是从哪个角度来看待事实的问题。虽然事实只有一个,但对其的解释却是无限的。如何积极地解释是很重要的。

举个例子,这是销售员去拜访新客户被拒绝而心情低落的事。作为销售员,拜访新客户是一项十分需要勇气的工作。上门推销却被拒绝的话,很多人会觉得自己被否定了,随即会陷入失落。这时，当时担任课长的我会这样说：

"没被那个企业所接受真是太好了。大概是提案内容和表达方法有改善的余地，我们不要灰心，保持这样的干劲和别的企业较量一下吧！"

像这样，虽然中途失败了，但以积极的语言来转换看待事实的角度，这就是**"积极接受的能力"**。

实际上我经常告诉我的员工：

"要是上门推销被拒绝了的话，就把想法转换为'好不容易带着一堆好话来，居然不听，简直难以置信。好吧，下次再去试试看吧！'这样的吧。"

不是沮丧地低着头回来，而是发出积极的声音，引导自己积极地接受事实。

第二，**发出肯定的信号。**

不说"别……"，而以"……吧"来代替，转换为对方想要听到的内容再传达。大概就是以下这种感觉：

不说"别在走廊跑！"，而是"在走廊走吧"。
不说"别放弃！"，而是"坚持住吧！"。
不说"别犯错误！"，而是"大胆地去吧！"。
不说"别担心！"，而是"交给我吧！"。

大脑在听到"别……"时，反而会想象真的那样做之后的样子。我也听说过，大脑无法理解否定句。

如果别人说"这里不要出错哦"，我反而会想象自己出错的样子，大脑会无法发出安全完成工作的信号，结果工作的质量就会下降，无法发挥出最强的能力。

以积极的想法来掌握所有发生的事情的"积极接受的能力"，与不使用否定形式而是用肯定形式来发号施令的"发出肯定的信号"，我经常有意识地去做到这两点。

也就是说，你所说的话会很大程度上影响你的员工的表现。如果你经常有意识地说好听的话，你的员工的工作积极性就会有很大的提升。而积极性提升的话，自然就能改变结果。如果你想取得好的结果的话，首先试着使用能让人产生干劲的词语吧！

以相信员工本来就有无限的可能性为基础,将"积极接受的能力"和"发出肯定的信号"的言语传达给员工,一定能激发员工"为了领导努力"的心理,从而增强你的凝聚力。

提起干劲的措辞
两个要点

❶ 正面积极的态度
- 所有事情都向前看
- 乐观看待已经发生的事情

❷ 传达肯定的信息
- 用积极的语言表达
- 不使用否定形式

因为经常以积极的态度向前看,
所以会培养出不怕失败、富有挑战精神的员工

06
毫无作用的一句"加油"

说起来,不存在从出生开始就没有干劲的人,也从未见过毫无干劲的婴儿。这一点是没错的。原本就有的干劲,实际上正因人们的成长而减少。

比如说,孩子拿着成绩单回来时,只有他不擅长的数学成绩不太好,其他的还可以。于是你对孩子说:"以后要加油学习数学。"孩子心中会想:

"仅仅说要加油学习数学也太……"
"明明我也像学习其他科目一样去努力学习数学了啊……"

于是他会变得越来越讨厌数学。

指导员工时也是如此。员工学会了把工作放在心上,也学会了如何接待客户。他达成了月度目标,以为会得到表扬。

这时如果听到作为领导者的你说"之后招揽新客户也要加油哦"的话，员工会作何感想呢？

"比起这个，还是先表扬一下我这个月的成果啊……"

你难道没有过这样的经历吗？像这样，为了激发人的干劲的"加油"是毫无作用的。

就像之前所说，"加油"是从小时候开始在面对不擅长的事物时，别人就一直对你使用的词汇。所以，一听别人说"加油"，你就会条件反射般失去干劲。"加油"会在一瞬间明确没能做到的事实，另一方面也会让人失去干劲。

那么，不使用"加油"的话，要用怎样的措辞来激发人的干劲呢？那就是在先承认现在状态的基础上，说出令对方心情舒畅的话语，并向他展示具体如何去做。

就以刚才说的指导员工的话来说，应该最先表扬他达成了月度目标。

"很努力地达成了目标呢！"（认同現狀）

"你没有辜负我对你的期望，我很高兴！"（使用让人心情变好的话语）

"现在你要是能在招揽新客户上多用点心，我认为你绝对能完成年度目标。尝试着挑战一下招揽新客户吧！"（展示具体的期望）

顾问处的经营负责人S小姐是个心思十分细腻之人。她沉默寡言，十分冷静，经常一边自问自答，一边神情自若，专注于工作。

有一天，S小姐的工作被投诉了。在商讨对策的会议上，S小姐说着消极的言论，好像在把责任推给别人。显然她在以"自己没有错"的态度进行发言，但在我看来，其实她像是在逃避责任。我沉默地听了一会儿，最终实在忍不住，站起来说："明明就是你自己的问题啊，不加油怎么能行？"

在那一瞬间，S小姐突然崩溃大哭。

后来我才得知，在听到我所说的"加油"以后，她十分不甘心。她并没有在工作中偷懒，拼命地努力却反而被投诉，本就十分不甘心，又听到我说的"加油"，没忍住，直接哭了出来。

我对这件事表示十分痛心，这也成了让我做出深刻反省的场景。让她发挥出最强的能力本是作为领导者的职责，而我却放任自己的感觉听之任之，说出了那句让她失去干劲的话。

无意中说出的"加油"这句看似随意的话，不仅没有什么效果，反而会起到反作用。对于已经十分努力的人来说，这只是一句不负责任的话。

作为上司在与员工说话时，作为丈夫对妻子说话时，作为家长对孩子说话时，说到"加油"时请打起十二分的精神。因为你可能会遭到"即使你不说我也在努力""说什么，我没在努力？"的反击。

只说"加油"是无法打动别人的，因为那也是不信任员工的证明。

07
不要让你的抱怨，传进员工的耳朵

工作结束后，你和员工一起来到小酒馆治愈一天的疲累。一边喝酒一边聊着公司的事，开着"发牢骚"大会，你有过这样的经历吗？

"今天××部长说的话，真叫人生气啊。"
"大概××部长总是光说不做吧。"

这样的对话好像每天晚上都会听到。我并没说你不可以抱怨。但是你有两点需要注意。

一是，你自己也会听到你的抱怨，一旦记在脑海中，一定会有下次还想抱怨的情况发生。

二是，如果对员工抱怨自己的上司，你很有可能会阻碍其成长。

比如，你想过你的妻子向孩子抱怨你的场景吗？如果这件事真的发生了，那么你的孩子就会无法认同作为父亲的你，也无法尊敬你，更无法对你抱有感谢的心情。当然，这样你在家庭中的地位也会降低吧。相反，你会向孩子抱怨你的妻子吗？对孩子说"妈妈是那样的哦"，听了你的话长大的孩子会成长为怎样的大人呢？

不能对员工讲上司的坏话，就与不能向孩子抱怨妻子的原因相同。那就是，你的员工和孩子是听着你的话成长的。

语言真的有不可思议的能量。虽然向别人抱怨后感觉很爽快，但是请记住，这也会导致你以后会十分想抱怨别人。反之，如果使用积极的语言，那么，在以后越来越多的事情上，你都会想用这种积极的语言。

我来讲一件发生在家庭间的事情。

一个父亲脱离上班族，开了一家饭店谋生。历经很多困难后，事业终于步入正轨，早出晚归的生活持续了一年。在那期间，几乎没有休息，也几乎没有时间陪伴儿子。

到了父亲的生日这一天，他收到了小学三年级的儿子写给他的信，不禁潸然泪下。那封信是这样写的：

"日本做咖喱第一好吃的爸爸，我的梦想就是成为像爸爸一样厉害的咖喱店老板。以后有空也教教我咖喱的做法吧。"

明明每天都很忙没有时间见面，为什么那么小的孩子会写下这样的信呢？似乎是因为妻子经常对儿子说的话：

"你的爸爸是日本做咖喱最棒的咖喱店老板哦。在大家都睡着了的时候，他也在做咖喱哦，是不是很厉害？"

儿子是听着妻子所说的话成长的。

你的员工则是听着你的话成长的。所以，你要知道，作为领导者的你无意中的抱怨、不满不仅会影响你自身，更会使你的团队受到巨大的影响。

08
提高员工自我肯定感的"需求层次理论"

员工的自我肯定程度很高吗?

自我肯定度高的人的自尊心很强。由于得到领导者和家人的认同,得到他们的表扬,所以自己的自信心得到了满足。

换言之,相信自己等于自信心得到满足。只要对自己抱有自信,埋头苦干,一定能不费吹灰之力就解决小困难。对于中等级别的困难会产生韧性,面对巨大的困难则会涌现出前进的勇气。

日本人似乎不擅长认同和夸奖。根据一项调查,仅有三成的日本高中生感受到了父母的认同,而这个数字换在美国是三分之一,韩国则为一半。

作为领导者的你也有想从经营者和上司那里得到认同和表扬的想法吧,这是理所当然的。

"人性生理学"第一人亚伯拉罕·马斯洛提出了"需求层次理论"。

人类的欲望由金字塔般的 5 个阶段所构成,如果满足了低层次的欲望,就会想要满足更高层次的欲望。请一边想象着你自己或者你的员工,一边往下读:

第一阶段的"生理需求",是为了生存下去最基本的和出自本能的欲望(吃饭、喝水、睡觉)。在这种需求得到一定程度的满足时,人就会开始谋求下一个层次"安全需求"。

第二阶段的"安全需求",包含着想要回避危险,以及想要获得安全又稳定地生活下去的途径(能遮风挡雨的家和健康等)。

在"安全需求"满足以后,人就会开始追求接下来的第三阶段"社会性需求(归属欲)"(想要抱团取暖,交到朋友)。在没有满足这个需求时,据说人很容易感受到孤独和社会性的不安。

到此为止的需求,是从想被外界满足的想法中产生的欲望(低层次的欲望),而这之后则会追求内心想要满足的欲望(高层次的欲望）。

随着"社会性需求"被满足后萌生出的需求即为第四阶段的"尊严需求（认同需求）"（想要得到别人的认同和尊重）。

接着在"尊严需求"被满足后，最后的第五阶段"实现自我价值的需求"（想发挥自己的能力进行创造性的活动等）就会出现。

其中，员工对作为领导者的你的需求属于哪种阶段呢？

首先要满足第三阶段的"社会性需求（归属欲）"。你需要让员工认识到自己也是团队的一员，这可以通过团队合作的活动以及日常的关心和交谈来满足。

在此基础上要**满足第四阶段的"尊严需求（认同需求）"，我认为，是否能做到这一点，是能否成为有共情力的领导者的关键**。具体说来如何得以满足呢？

那就是，**用你自己的语言来表扬员工，由你来传达第三者的赞赏**，这两点很有效。

要以你自己的话来表扬员工，就要找到员工的小优点，并用语言表达出来。人的优点虽然没有缺点那么容易发现，但是领导者很有必要拥有发现优点的慧眼，这可以通过经验的积累来掌握。

另外，不只是你自身的话，传达第三者的话也有很大效果。

"在前几天的董事会上，董事特意提起你的名字，表扬了你，说你很努力。我也很开心哦，谢谢你。""客户 H 先生说很感谢你哦。"一边传达从他人那里听到的对员工的赞美之词，一边告诉他你听到别人对他的夸奖也很高兴，这样员工的自我肯定就会得到显著提高。

为此，你自己也必须处于第四阶段或第五阶段"实现自我价值的需求"。既然是领导者，我想你已经处于第五阶段了，对吗？

- 最开始是满足社会性需求
  自己在社会中负有职责，有归属感
- 领导者必须满足尊严需求
  自己的存在是有价值的，寻求被尊重的感觉

满足尊严需求的要点

❶ 用你自己的语言来表扬员工
❷ 由你来传达第三者的赞赏

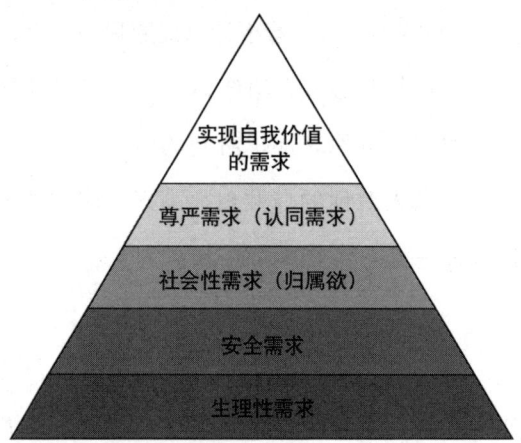

最终满足员工
实现自我价值的需求，
也就是说，要把员工培养成领导者

那才是一流领导者的工作

09
提升员工工作效率，只要做到两个字

在我的工作中，我主要以上市公司为对象进行推广和品牌支持，帮助中小企业和个人业主扩大销售额以及提高团队能力。此外，我也在运营以"共情力"为基础的研讨会、系列讲座以及集训培训等项目。我的公司只有我一个人，但这些项目由我一个人来完成，终究是不现实的。因此，我和很多朋友配合客户的课题和需求，组成了团队，分工合作来应对客户。

我认为所谓"委托"就是"在自己负责任的前提下，将事情委托给对方"。

团队的工作中有一项"消费者活动的企划运营"。为了销售一款叫作"P"的商品，我们以购买者为对象准备了抽奖的礼物。

在计划活动时，选定主要的消费者群体、筹备能够打动消费者的礼物、设计和宣传语等制作业务以及事务局的运营等，这需要很多工作人员的力量。如果发生什么问题的话，所有的责任都在作为负责人的我身上。所以，我是在自己负责任的前提下，将事情委托给同伴。

因为我熟知客户要求的团队合作的质量和水平，所以我会将其告知新团队的伙伴们，事先经过多次协商，直到我认为已经完全传达给他们为止。并且，我们通过团队会议明确责任范围，决定任务分配。

我认为到这里你一定能考虑到，重要的事情就从这里开始，即委托完工作之后。

虽然有人觉得既然将工作委托出去了，就最好不要再干涉，但我认为这并不仅是委托任务，而是把责任一起放任给对方。**为了让接受委任的对象能够如之前期待那般发挥出最优的表现，在他身边支持他是十分有必要的。**

这是一个不擅长把工作委托给员工的领导者的故事。

我的顾问处有位 R 部长。R 部长工作完成得很迅速，性格也很急躁，所以很难将工作交给员工。因为抱有"自己来做的话会更快更放心"这样的想法，所以即使员工来商量工作的事情，他也只会回答说"知道了，之后我会去做，所以你们去忙别的吧",然后全盘接管员工想要跟他商议的工作。

如果是你,想要给这位 R 部长提出怎样的建议呢?

R 部长乍一看像很会照顾人的部长,但实则不然。他剥夺了员工自己发现并学习的机会。人会转眼就忘记被动告知的东西,但是对于自己发现的东西却一直不会忘记。领导者应当做的并不是告诉员工问题的答案,而是给予领会答案的启发,让员工自己思考并发现答案。

至于速度感和工作质量的话,领导者自然在员工之上,正所谓"隔靴搔痒",为了支持员工的成长,忍耐也是有必要的。

实际上我对 R 部长作了提示。尽管我问道:"其实你剥夺了员工发现答案的机会,你是否察觉到了呢?"但他还是一副完全不明白的样子。

于是我接着说道:"你现在别说是在告知答案了,而已经到了代替孩子做作业的程度了。你知道那样对孩子的学习能力并无好处吧?你对于员工的提问和协商都直接给予答案,那确实会让其工作速度提升,但是这样下去,员工的学习能力却毫无长进。那么,R 部长会采取什么方法呢?"

他思考了一会儿回答说："中田老师，我认为给予员工选项后再委托给他的话，应该可以。"他也尝试了这个方法。

对于员工的提问和协商，他给予员工 ABC 几个选项，并交给员工来选择。结果，员工向他汇报的次数明显增多。

"部长，前几天协商的事件，我幸好选择了 B 选项并落实了下去。"

对于员工这样的汇报，R 部长回复道："太棒啦，我也选择了 B 选项哦。"于是这个团队中，不仅员工有了思考能力，而且部长和员工的对话也增加了，员工脸上的笑容也变多了。

被赋予判断的权利也能满足尊严需求，对提升员工的自信十分有帮助。领导者通过委任员工，给予其自己意识到答案的机会，让其思考，从而支持其成长。

10
坦诚地传达优点，增加员工自信心

我将公司的理念定为"为了最爱的人，提供真心的支持"。并且，我也规定了对企业和所属公司的职员，以及来听我讲座的学生的指导理念。我的指导理念是："利用工作，帮助大家变得更坚强、更柔韧。"

我认为工作是为了提高自己、丰富人生的手段。不是为了生存下去，而是为了自我成长。因此，我认为公司是既能让自己成长又能拿到工资的最佳环境。

我想，对于社会中必要的东西，我几乎都是从棒球中学习并掌握的，其中最令我感激的就是在我的棒球生涯中所掌握的坚强和柔韧。由此我想浅谈"坚强"与"柔韧"。

首先说"坚强"，我是这样定义的：面对阻碍也不胆怯乘风破浪的勇气，不逃避自己的勇气，挺身而出的气魄，这些都是在社会上生存的强大倚靠。因为我认为，工作中不顺利的情况更多。

在这时抱着怎样的想法行动，会影响下一步，让接下来的发展发生很大的变化。尤其对于领导者来说，工作进展不顺利时方为真正大显身手之时，所以领导者特别需要这种坚强的精神。

"柔韧"则是虚心接受别人教诲，能够认同他人价值观，能够自我反省、改变自己，就算是不讲理的事情也能暂且理解，我以以上这些来定义"柔韧"。只要能掌握这种柔韧，就能觉察到自己以外的所有人和事都是自己的老师。另外，柔韧的人无一例外都很擅长学习，所以很多人都会给你带来机会。

为了锻炼这种"坚强"和"柔韧"，要灵活运用工作。

在每天的工作中，不依赖别人，而是作为自己的责任来考虑事情，朝着理想努力奋斗，这样才能掌握这种坚强和柔韧。不要把责任推给别人、推给环境，而要以相信自己的可能性并全力以赴的态度度过每一天，这是十分重要的。

下面是 20 岁的 Q 小姐的故事。

Q 小姐觉得比起同期[1]，自己无法完成好工作。她寻找了原

---

1. 日语中同期指同时进入公司的同事。——译者注

因后,却发现"W 先生办事很麻利,但是自己却……""Y 小姐总是加班到很晚,十分努力,但自己却……"等,找到与他人相比自己做得不够的地方作为原因,她因此失去了自信。

我多次与担任她上司的课长进行面谈,并提议"找到 Q 小姐消极心态的原因,并把它转换成积极词汇,试着表达一下如何?"

于是两天后,课长叫来 Q 小姐,并提议:

"我知道 Q 小姐已经非常努力了,但是和周围的人相比,看起来没有百分之百发挥出自己的力量。对于自己表现不佳的地方,Q 小姐如果在心中觉得'明明自己……(不行)'的话,不妨转换成夸奖别人'真厉害呢!',并试着传达给对方吧。"

"W 先生办事很麻利,真厉害呢!""Y 小姐总是加班到很晚,十分努力,真厉害呢!"Q 小姐这样夸奖了对方。之后,课长问了 Q 小姐那时的对话,得到她夸奖的两人都说"Q 小姐真的很坦率,无论什么工作都积极地去做,真厉害呢"。

"虽然自己完全没有那样认为,但是知道了周围的人都这样看我，我好像稍微有点自信了。"她向课长道谢。

虽然距离 Q 小姐的理想还很远，但是至少对于把自己逼上绝路、失去自信的她来说，她发现了叫作"柔韧"的武器，并学会了让自己打起精神的方法。

不要在心中拿自己跟别人比较，对自己说"明明是……自己却……""反正自己……"，而是坦率地夸奖对方"真厉害呢"，这样也可以通过对方发现自己的优点。

作为领导者，不要把员工相互比较来进行判断，而要坦诚地表扬他们各自的优点，这一点非常重要。这样被表扬的员工一定会很高兴，不仅他们的自信会增加，他们对你的信赖也会增加。

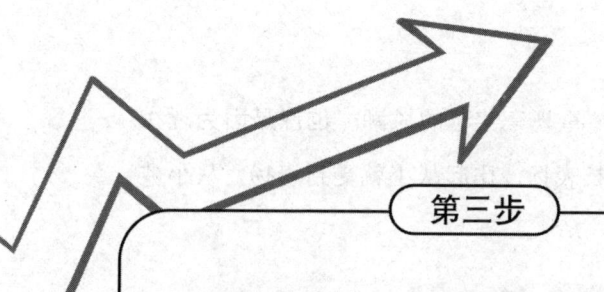

第三步

正确批评，将失误变成成长资源

为了促进员工正确地成长，
批评方法很重要！

01
员工犯了错误，应该当下批评吗

当今社会上蔓延着"重视夸奖"的风潮。也许是因为现在作为成年人的我们不擅长表扬，比起从小就受到表扬，从小被严厉批评的情况更多吧。

当然我也觉得夸奖别人很重要，也从中学到了很多。但是，我认为，**既然作为管理团队的领导者，就应该将批评放在与表扬同等重要的地位上**。

团队领导者的工作是让团队取得成果，为此每个人都要贡献出自己的力量。要想发挥这一力量，统一指导是行不通的，一定要有适合每个人的指导方法。领导者也有着让成员必须比现在更成熟并得到成长的责任。为此，通过批评，员工一定会变得比现在更好，领导者要有这样的思想意识。

接下来，我来谈谈批评时的3个要点。

批评的时机是"现在,此刻"。

举个例子,员工没有事先联系你,就迟到了。这时,作为领导者的你应该采取怎样的态度呢?周围的所有人都在关注着你。

面对说着"早上好,很抱歉我迟到了"走进来的员工,你要做出怎样的回应呢?

如果是我的话,我会这么说:

"没按约定时间到情有可原,但事先不联系就另当别论了!"

作为领导者,关于他没能遵守时间,并且明知迟到却没事先联系的错误要当场批评。如果这里没有进行批评,他也许会在赴约客户时也迟到,并且毫不在乎地与人进行商谈。客户可不会因为此事特意批评他,只能沉默着,什么也不说。所以你要以简短的语言,看着对方的眼睛,清楚地表达你的意思。

接下来,我来介绍一下错误的批评方法。**那就是当时什么都不说,之后在只有两个人时,私下进行批评**。因为这样会被员工看穿你作为领导者却逃避的姿态,会让周围人看出你不想让人看见自己在批评员工时的软弱。

另外，**错开时间再进行批评也不是好方法**。在批评现在、此刻的错误时，"你上个月也迟到了吧？""你之前也是这么说的吧？"之类，连带着过去的事件一起批评的人也不少，但是这是不对的。

因为现在、此刻的事情被批评的时候，人们会反省，想着这种错误不会再犯第二次了，但是如果把过去的事情加进去的话，会牵出过去的回忆，反省就会不那么强烈了。过去就是过去，对于那个人来说，已经结束了，毫无意义，因为他已经在脑中想好了"因为那时……"这样的借口，所以提出不同时间发生的事情会适得其反。

对于眼前发生的事情，对方做得不好的要当场告知对方，不是事后，而是现在。另外，过去的事情不要再提，这就是批评的要点。

02
批评完就结束了，没有任何效果

在前一节，我讲了批评的时机是"现在、此刻"。下面我来谈谈下一个要点。

是不是有很多领导者认为批评完就作罢呢？只为了解闷而训斥别人和没完没了地训斥别人，被批评的人也会感到厌烦，并且还会给周围的人带来不好的影响。在批评员工时，要简短明确地指出他做错的地方，以促进反省。接下来的要点就是"**系统地告知改正的方法**"。做不到这点的领导者很难得到尊敬。

下面我灵活运用之前"没有事先联系就迟到"的事例来说明。

首先，为了不让员工迟到，领导者需要教给员工早间时间的有效使用方法。接着，如果自己有可能迟到，不管当时已经几点，都必须提前联系。领导者也要用语言表达感谢之情，如"谢谢你的联络"。

批评也伴随着责任，我之前也是这样写的。这也可以说是

"自己一定要比现在更好"的觉悟。并且，为了员工能变得更好，必须告诉他现在的缺点是不好的，用这样的方法去做的话，会比现在发挥得更好。

这是我作为领导者管理 8 名员工时的故事。

我布置了一项把一周的行动结果写成报告提交的文件任务。从一个员工那里收到的报告，错字、漏字很多，读着十分费劲。于是我把错字、漏字都用红笔修改了，然后把他本人叫来对他说：

"有这么多的错字、漏字的报告显得你的水平很低。写完后，自己先把全文读完，再请别人校对后提交给我吧。"

大概他没有检查文字，打完字就提交给我了，所以他输出后，我在阅读的时候注意到有错字、漏字。我在大家面前批评了他以后，周围的成员也能互相阅读报告并在检查后提交，这样的气氛让全员的水平都得到了提高。

不是批评完就结束了，系统地告知如何改正，并提出期望，是十分重要的。经此，员工会自己反省，并且找寻到下一步的做法。我认为光是训斥一顿，说着"自己思考一下怎么办才好！"这样的话，很难与员工产生共情。

03
认同改正后的成果，你做到了吗

所谓"斥责错误行为"，就是指只批评眼前发生的错误的事情。

像"你也就……"或"你从以前开始就……"这样的话，或时间混乱地批评，会否定那个人的人格，这样的斥责方式只会伤害那个人，完全没有效果。另外，周围的其他员工都会认真地观察这种批评的方式，所以领导者并不会受到尊敬，搞不好还可能会被孤立。

在"现在、此刻"的时机点来进行批评，展示出如何改正，是之前我所写过的要点。在这一节中，我会详细叙述第三个要点：**认可改正后的结果。**

关于之前写的"有很多错字、漏字的报告"，虽然教给了员工"写完后，自己先把全文读完，再请别人校对后提交"的方法，要说那之后的结果，却是他即使照我说的那样做了，也还是没能改正。

在此期间，我先后给出了"在提交日的前一天写，第二天再重读一遍并加以改正的方法""先手写再打字输入的方法"等几个建议，最后他终于提交了优秀的报告。那个时候我把他叫进了办公室，表扬他写的内容是没有错字、漏字的高水准的报告，一边与他握手一边这样夸赞他。

"好的！这样就完美了，请继续使用现在的方法吧！"我比了个"OK"的手势，促使他继续努力。

如果换成是孩子，夸张地说着："真厉害！你做到啦！"然后抱着他、摸摸他的头会更有效果。

无论是大人还是小孩，只要对于他们完成的事表现出惊讶，他们就会产生下次想要让你更加大吃一惊的想法，这与他本人的动力紧紧联系在一起。并且这时更重要的是"肌肤接触"。我在那时与他握了手，拍了拍他的背，表现出了吃惊的样子。

员工至今为止没能做到的事情，在被批评并告知方法后，就能够顺利完成。对于受到批评的员工本人来说，这会变成一次小小的成功经历，并且对于给予批评的领导者来说，促使对方比现在发挥得更好也更为合理。

我相信到那时，无论是员工还是领导者都会萌发感谢之情，并且相互之间的信赖关系也会更上一层楼。

批评的时机点是"现在、此刻"，以简短的话语对事实进行批评，不要连带过去发生的事。并且，你应该不厌其烦地教会对方正确的方法，在其能够做到后，认真地认同其得出的成果。

只要牢记这三个要点与员工相处，想要得到你的夸奖、想要让你大吃一惊，并且想要为了你更加努力的员工想必会越来越多。

使员工成长的批评方法 3个要点

❶ 批评的时机为：现在，此刻
- 批评当前发生的事情
- 不要掺杂其他事情
- 当场批评

❷ 系统地告知改正的方法
- 不要以批评了事
- 展示具体的改正方法
- 清晰地提出要求

❸ 认可改正后的成果
- 不让对方因失败而一蹶不振
- 让其重拾成功的体验

04
用"正确言论"批评，很危险

在这一项内容中，作为有关批评的方法论之一，我会就"用正确言论进行批评是多么危险"进行说明。

比如说，在听员工和合作伙伴交流时，你是否有先一步意识到答案的情况呢？这时最不应该做的事情，就是在对方说完话之前把你想出的答案告诉对方。即使那个答案是百分之百正确的，但不动声色地继续倾听到最后十分重要。

这是顾问处×公司40多岁的T课长的故事。

T课长多年前作为应届毕业生进入×公司，现在是相当有经验的老手，所以关于员工想找他商议的问题，他在员工还没说完时就大致能推测出解决的方法。

有一次，员工犯了一点小错误，为了报告就去了T课长那里。在员工为错误而道歉后开始说明原因时，T课长打断他说："我大致明白了,那么你的对策是?""不对啊,一般应该这样做吧?""按常识来说……"他不仅没有听完员工的话就开始提出问题,并且搬出了"一般来说""常识是"这样的"正确言论"。

犯了错误的员工虽然最初带着反省的表情一言不发地听着,表情却渐渐地变得严肃起来,最后扭头离开了座位。员工在事后告诉我:"失误的原因我也很清楚,并不是什么困难的事情,但是客户非常生气,所以我希望能和T课长一起去道歉,但是话说到一半就被打断了,所以我想还是算了吧,就自己一个人去了。"

那时的T课长,其实只要听完员工说的话,应该就能妥善处理员工的问题。从这件事中,我了解到其实对方来进行协商的原因很可能并不是因为想知道"正确言论"或"正确答案",真正想说的事情,往往是一些别的内容。

另外,从上司那儿被摆出的**"正确言论"有时会很伤人**。正因为是无论对谁来说都正确的一般言论,所以员工会觉得这并不是领导者对自己真挚的私人意见,也无法成为自己的力量。在批评时不能使用"通常来说""按常识""一般来说"等词汇。即使你说的是对的,使用这些特定词也会使你和受训的那方产生隔阂。

另外，我认为即使你回复了建议，也应该意识到你的答案不是百分之百正确。只听一点点内容就想到的"正确答案"恐怕还没有达到对方的"核心"，也就很有可能变成所谓的"突发事故"。

那么，在倾听对方的话语时，你想到了解决方法，要怎么做呢？那就是以自己的经验为例试着讲述一下。例如：

"我以前也遇到过同样的问题，那时对方好像是这样想的，……跟Y先生的烦恼也相似吧？"

像这样，并非直接告知建议而是借用别人的事例进行解答。当然，要听完整件事情后再回答。

所谓的"正确言论"，却有着终结谈话的力量。因为用所谓的"正确言论"打断说话人是非常危险的，所以除了与员工之间，在包括夫妻关系和亲子关系在内的所有沟通场合都要注意。交流需要的是互相理解、互相明确对方的意思，并不是单方面地将答案告知对方。

05 将指示转化为自己的语言,让员工听话

自从我独立成立公司以来,至今见过数百名经营者、个人企业主、企业领导者等。虽然我与这些人商谈过很多内容,但几乎都不外乎这两件事:

①无法提升销售额;
②无法培养出人才。

我深知,钱和人——经营者和领导者都会因这两件事而烦恼。这里我想谈谈其中的"人"。

比如,面对社长下达的指示,员工的领导者回答道:"好的,我知道了。"

你知道这句"好的,我知道了"包含着哪种含义吗?

A. 原来是这样,说得太对了的"好的"

B. 虽然没太明白，暂且先这样吧的"好的"
C. 虽然自己抱有不同的意见，但还是服从的"好的"
D. 因为怕被训斥，所以表示认同的"好的"

回答的"好的"是 B 到 D 中含义的领导者，会对员工传达不准确的话语。

"领导说的，我也没办法。"

如果按照这样的方式传达，能获得干劲的员工只有"看着上司（在这种情况下是社长）的人"。只有想要得到高层夸奖、有意识获得公司内部评价的人，才会为这句话有所回应。

并且，如果作为领导者的你回答了 B 到 D 含义的"好的"，在将命令下达给员工时，首先员工就不会听从你的话。那么，该如何是好呢？

首先，作为领导者的你应该同上司谈论，直到弄清楚为止，即变成 A 含义。"我虽然不这样认为，但是这是命令，都给我干活去。"这样对员工下达指示的方法是最糟糕的。我已经多次强调，领导者是团队的负责人。既然要调动团队成员，领导者就必须将接收指示后想说的话咽下肚，转换成容易让员工行动起来的语言。若不这样，就会形成领导者与员工一起抱怨上司的团队。

在东京的顾问处有一家创业超过 70 年的 L 公司。虽然现任社长是第三代继承人，但是从第二代继承人开始就与上了年纪的 W 部长关系不好，社长们为此很苦恼。

W 部长对社长并不看好，员工中也有不擅长应付社长的人，于是 W 部长想通过说社长的坏话来联合员工。听起来好像小学里的校园霸凌的把戏，捏造出一个坏人，以此让周围的人联合在一起，真是一种幼稚的管理方式。

在社长不在时，大家都以 W 部长为中心其乐融融地工作着，当社长回来后，气氛就会突变，而主导此事的正是 W 部长。结果，社长的指示和命令无法传达到现场，公司陷入了业绩一直下降的困境。

作为领导者的你，也曾面临过同样的问题吗？

把上司当作坏人得以联合在一起的 W 部长的团队，不仅业绩下降了，还导致优秀的员工辞职。原因十分明确吧？因为他选择了简单的管理方法，不只导致业绩下降，甚至自己的评价也一落千丈。

让员工对你言听计从，是领导者的职责。正确下达指示和命令的方法就是，不管什么事情，既然你接受了就必须努力作为自己的意愿转换为自己的语言来传达。

如果领导者有这样的姿态，员工中会产生巨大的优势。那就是"与你的信赖关系"。

员工在感受到领导者"十分信赖自己"时会变得干劲十足。

并且，员工是否能变得干劲满满与你的"背影"（即做法）息息相关。

在培养人才的过程中，领导者不仅需要温和，也需要严厉，作为基础的信赖关系是很重要的。这样才能团结起来，产生共情，成为团队前进的力量。

"好的"因情景分为不同含义

❶ **了解真正的意思时**
原来是这样,说得太对了的"好的"

❷ **附和应付时**
虽然没太明白,暂且先这样吧的"好的"

❸ **放弃自身责任时**
虽然自己抱有不同的意见但还是服从的"好的"

❹ **逃避现实时**
因为怕被训斥,所以表示认同的"好的"

这关系到领导者以怎样的态度发号施令
如果以"我并不这样想,但因为是命令,奉命行事吧"这样
对于工作放弃责任的态度指示的话,
得到的反馈也就理所应当会变成同样放弃责任的"是的"

既然接受了命令,就作为自己的意愿
转换成自己的语言来传达

员工在感受到自己被信任时,
自然会变得干劲十足

创造这种信赖关系即为共情力

06
掌握真实信息，敢于接受"沾着泥的洋葱"

我认为能够堂堂正正地向上司报告坏消息的领导者才是优秀的领导者。实际上对于企业来说，坏消息是做正确判断所必需的。

火爆非凡的"信息篡改"就十分典型，通过它能够对企业的风气和氛围一目了然。那么，你作为领导者，要想让员工即使是坏消息也能没有负担地向你报告，需要怎么做呢？

"爸爸！听我说，听我说！那个……"

小孩子会把开心的事情第一时间告诉父母。在公司，员工上报的好消息也会被立刻而且稍微夸大其词地传达给你。我认为那是因为员工想因好消息受到表扬，想要一起开心起来的心情。那么，使人不悦的消息呢？能直接传达到你那里吗？

"洋葱要沾着泥拿过来。"

这是某家上市公司的经营者说的话。使人不悦的话，容易被其他东西所掩盖，或因错误产生一些偏见。如果囫囵吞枣地相信带有这种偏见的信息，高层的判断就会发生延迟或错误。

所谓"沾着泥的洋葱"，指的是真实的信息，但在送到经营者身边之前，经由课长擦落污泥，部长剥去一层外皮，董事再剥去一层皮，拿过去后，经营者已无法看出其本来模样。

那么，课长为什么要擦落污泥呢？部长又为什么要剥去一层外皮呢？原因很简单，因为讨厌被训斥罢了。

犯了错误要汇报是必须履行的义务，但是想要逃避、想把责任推到别人身上、想要蒙混过关的情况也经常发生。出于自我防卫本能，就会产生这样的想法。然而，当克制住自己以上想法的员工向上司如实汇报时，如果被上司感情用事而臭骂一顿的话，我想他就会变得再也不想拿着"沾着泥的洋葱"过去了。这样瞬间陷入感情用事的领导者是无法得到正确的信息的。

收到汇报的领导者也必须向上级汇报，所以会发生同样的事情。他纠结着是发挥自我防卫本能把责任推到员工身上，还是蒙混过关，在各种矛盾的基础上拿着"沾着泥的洋葱"，在上司那里被骂得狗血淋头……

　　能否快速地获得真实消息，取决于作为接收者的你的做法。平时就进行交流、经常带着笑容、聚集了很多人心的上司，不管好消息还是坏消息都会直接收集到。相反，平时易怒、皱着眉工作的人，会因为对所有的信息产生偏见而变得更加多疑，与员工形成与信赖关系相差甚远的管理模式。

　　在做管理层职务时，我经常跟员工说：

　　"要说汇报、联络、商谈都是为了谁，其实都是为了你们自己。在跟作为上司的我汇报完以后，责任就转移到了收到汇报的我身上。相反，如果疏于汇报，发生了什么问题的话，我也就无法承担责任。所以为了保护自己，汇报、联络、商谈都要维持原样，真实地拿来。"

　　如果条件允许，你的员工、你的孩子应该会隐瞒坏消息，自己想办法解决。但是当他们拿出勇气战胜自我防卫本能来向你汇报，首先你要接受这件事，到那时再让他们见识一下你的度量吧。

07
优秀的领导者，拥有"爱严精神"

你听说过《嘉农》这部电影吗？

2014年的电影《嘉农》所展现的是中国台湾省嘉义市实际存在的一所高中，当时被称为嘉义农林学校。"KANO"是这所学校的日文读法，电影讲的是这所高中以进军甲子园为目标的真实故事。

其中，既是番木瓜培育师又是教师的滨田老师对选手说了这样一番话：

"你们知道怎样培育出香甜的番木瓜吗？就像这样，将钉子钉在根上。被钉了钉子的木瓜树觉得自己可能会枯萎，认为这可能是最后一次机会了，所以拼命地输送养分。你们不也一样吗？近藤教练不就是在你们身上钉了钉子吗？"

在这一节中，为了促进员工的成长，我来谈谈领导者所需要的"**爱严精神**"。所谓爱严精神，就是坚信"在自己的带领下，这个员工一定会变得更好"的信念，为此要敢于传达严峻的内容，这是领导者必备的思想意识。也就是说，为了员工的未来，敢于给员工设置困难。

无论专业棒球还是高校棒球，解说员经常会使用"机会往往在危机之后"这样的表达。说来棒球真的很不可思议，比如战胜满垒的危机后迎来下次攻击的巨大机会等，这样的情景数不胜数。

至今我也曾多次碰壁，在很多事上无论多么努力都没有得到机会。大学入学考试失败，因为受伤与成为正式选手失之交臂，在中小企业调查员的国家考试中因一题之差而落选，被迫又学习了一年。不论大小，我遇到过很多阻碍。

但是现在，我能每天快乐地工作，是因为我克服了这些困难。我想你大概也一样。克服困难应该不需要什么特别的技能，硬要说的话，就是有着支持自己不逃避的周围人的存在吧。现在回想起来，在战胜困难时，我稍稍有点自己成长了的感觉。

如果自己没有成长，我将无缘遇见很多人。如果自己没有成长，那么我就会有很多不能意识到的东西。**所以我在带领企**

业成长时，**也有意识地设置困难。**特别是在做领导者培训时，我也以爱严精神给领导者的根上钉上了钉子。

"G 领导在我看来，发生了问题后，看起来像是要逃跑的样子。""K 课长在我看来似乎并没有真诚对待上司和员工。"我硬是说了这些刺耳的话。虽然我不知道是否是事实，但至少我会告诉他们我的看法。通过这样做，被批评的人自己也会产生自责，会意识到至今为止自己都是"盖上盖子生活"的，并且别人也都看到了隐藏的自己，自己有必要决定是认真改正还是保持原样。

正因为有了阻碍，我们才会学习成长。在跨越阻碍时，我们就能够遇见应该遇见的人。让自己见识一下别人的"容器"，让自己见识一下未曾注意到的世界。你一定会学到新的内容。

所谓危机，实则是机会。一切都能如愿以偿其实并没有什么乐趣。如果击球率百分之百是理所当然的话，谁也不会去打棒球了，因为一定会无聊得马上就厌倦了。这个道理并不仅限于运动，也包含在工作中。也就是说，"正因为无法一帆风顺，所以才很享受。"

这样的感觉十分重要。

我认为想更简单、更高效率地得到的想法，单方面来说是正确的，但是能很容易地得到的东西大概也很容易厌倦吧。就算有点困难也要挑战一下，想方设法，孜孜不倦地努力得到的人肯定会很开心。在这个过程中，我们会学到很多东西，不断成长。

因此，作为领导者的你为了促成员工的成长，也需要有"爱严精神"。对员工说些刺耳的话也许会很费劲，但坚信"在自己的带领下，员工一定会变得更好"的信念，秉持"员工没有变得更好之前都不放弃"的意识，好似偶尔在番木瓜的根上钉下钉子一般，敢于给员工设置困难。我希望你能这样与员工相处。

爱严精神

坚信"在自己的带领下，员工一定会变得更好"的信念
为此要做好敢于传达严峻内容的思想准备

> 为了促进成长，敢于说出刺耳的话
> ● 在我看来，你好像一发生问题就想要逃跑的样子
> ● 在我看来，你没有真诚对待上司和员工

> 克服困难
> ● "下定决心成为值得信赖的领导者"
> ● "成长为具有当事人意识的主体性领导者"
> ● 发现并克服自身的消极面

> 正因为有困难，
> 人才能学习着成长
> 为了培养人才，敢于制造困难，
> 给予试练

08
给予批评时,注意两个要点

我在至今为止作为棒球选手的 16 年间,受到了很多批评,在作为公司职员的 20 年里也受到过很多次上司和前辈们的斥责,小时候也曾有受到"爱的教鞭"指导过的经历[1]。我也遇到过虽然被自己训斥了,但觉得员工应该说"谢谢"的上司,也体验过很多与之相反的经历。

作为组织的领导者,"批评"这一行为非常困难且重要。在全员都在向着团队的巨大目标努力时,如果放任一个人懈怠,那么整个团队就会松懈。在这时就必须立刻给予批评。

我在给予批评时,会十分注意"不让别人听从自己的话"和"站在自己立场上,不以权力说话"两点。

---

1. "爱的教鞭"是动漫《哆啦A梦》中哆啦美(哆啦A梦的妹妹)的一个道具,其功能为原本很小的握把,按了按钮后会变成鞭子。——译者注

下面我来进行详细说明。不是通过训斥对方，给对方以恐惧感和压迫感，进而让对方感受到"总之先按照我说的去做"，而是通过训斥对方，让对方注意到问题，自己思考并努力，这就是"**不让别人听从自己的话**"。

所谓"**站在自己立场上，不以权力说话**"，是指与对方已经有十分明显的上下级关系时，对方会在无意识中接受上级下达的指示和命令，因此在给予批评时，你必须采用特别谦虚的姿态。

现在因为工作关系，我也很少受到批评了，但是我却受到了某个人十分触动心灵的训斥。

那是一件因为我的事前工作做得太懈怠，给很多人添了麻烦的事情。我在即将实现多年的梦想之前，遭受了很大打击。就好像在登富士山顶之际，从离山顶不远的地方滑落下来。我无法冷静地判断。为应对眼前而奔走，有时会涌现出用直升飞机也能到达山顶这种不谨慎的想法，我感到十分迷茫和痛苦。那时，我十分尊敬的导师对我说了一句话，他这样批评了我：

"你现在最重要的东西是什么？"

我一下子就清醒过来，为自己想要投机取巧地去实现梦想而感到羞耻，决定暂且先下山。我认为这位导师的训斥，正有"不让别人听从自己的话"的姿态。

并且，进行批评的基础还有一个要点。那就是**信赖关系**。我十分尊敬那位导师，我们双方形成了信赖关系。即使同样的一句话，从不尊敬、毫无信赖关系的人嘴里说出来，接收方的感受会完全不同。也就是说，要想通过批评来使对方发现问题并自己努力思考，在这之前，受到尊敬并建立起信赖关系是十分有必要的。

正是因为斥责这种行为，比起"说什么"，"谁说"对于接收者来说是更重要的，因此最起码需要信赖关系。

员工是感受到"我又被批评了"，还是感受到"是希望我能变得更好才批评我的"，会导致员工的下一步行动完全不同。站在员工的立场上，"感觉是为了我才作出批评"的领导者，总体来说是一个值得尊敬的人，也就是有人性，充满了吸引人的魅力，是大家心目中很会照顾人的人。我认为，只要稍微改变一点你每天工作和对待员工态度的观点，你就绝对不难成为这样的领导者。

09
及时原谅,给员工信任的感觉

在这一节中,我会说明给予批评时需要注意的问题,我认为与批评同样重要的是"原谅"。所谓原谅,就是不论何时都不记仇,在批评之后,马上由对方的下一个行动切换视角。

马哈特·甘地留下的名言中,我最喜欢下面这句话:

"越是弱者越不能原谅对方,原谅是强大的证明。"

最开始接触这句话的时候,完全不懂其意。但是,在步入社会后,通过跟各种各样的人交往,跟随各种各样的上司工作,我慢慢地明白了这句话的深意。

棒球中有一个很巧妙的词叫"没关系"。即使失误犯错,同伴们也会说"没关系,下次就拜托你了!""没关系,换个方式吧!"等,这样就不会再受失误的影响了。

在美国超级棒球联赛中,选手们说的"NEW DAY"代替了"没关系",似乎包含着"又迎来了新的一天,不要再被失误的阴影笼罩,换个方式吧!"的含义。

在工作方面,作为领导者的你是否有过犯了错误被上司批评了很长时间的经历呢?

因为犯错的是自己,所以一直忍耐到上司的说教结束为止。你有过那样的情况吗?我经历了好多次。

这是我在公司做课长时发生的事。由于我的粗心,把科室的销售数字完全弄乱了。在我立刻去向上司道歉时,得到的却是这样的回复:

"这可不像你啊。下次也拜托你了。行了,就这样吧!"

这句话刺痛了我。

"这可不像你"可以换成这个意思:

"明明平时你应该不会犯下这种错误,这可不像你啊。"

也就是说，我感觉到自己在更高的水平上得到了信任。在这之后，上司明明知道接下来会被他自己的上级责骂，但是却没有没完没了地批评作为员工的我，而是向前看。

事后，我找了上司，再次向他道歉的同时，向他表明了那句"这可不像你"的话让我十分开心的事实，并表达了感谢。于是上司回答："在当时，假设我批评了你，其他的科员应该也都会看到。即使我不批评你，你自己也完全明白不是吗？自己明明知道错误，却被暴露出挨批评的样子就更痛苦了，以后工作会更难做吧？"他对此一笑了之。

这个上司与我并不是一对一教导的关系，却也注意到了正在围观的其他科员的目光，甚至考虑到了今后的我，原谅了我。

"越是弱者越不能原谅对方，原谅是强大的证明。"那一瞬间我理解了这句话。因为那件事，"这可不像你啊"变成了我经常说的话。

我认为，站在领导者的立场上重要的是"相信员工，让信任成为其成长的食粮"。换言之，告知错误的改正方法固然重要，为了利用失误，原谅的方法也是重点。

批评错误，教导改正的方法后立刻原谅，那时的话也很简短，为了能让对方转换心情，轻轻地在背后推他一把。这才是领导者应有的做法。

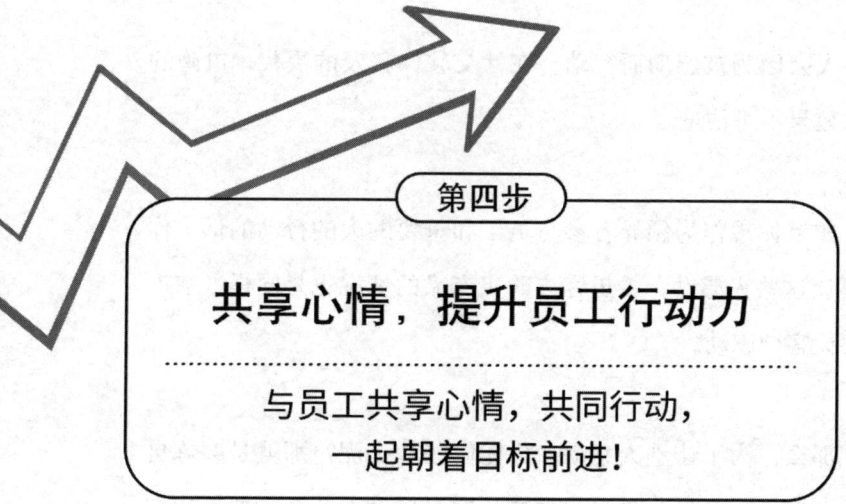

第四步

共享心情，提升员工行动力

与员工共享心情，共同行动，
一起朝着目标前进！

01
提高感动敏感度，让员工积极工作

人会因为被感动而行动。在社交软件普及的现代，口碑的扩散效果不可估量。

如果你想作为领导者参与员工和重要的人的行动的话，你需要让这些人感动。希望客户购买产品的情况也是同样，前提是要让客户感动。

那么，为了让别人感动，你能做些什么呢？那就是磨炼自己的"感动触角"。你自己要成为容易感动的心质，要想让别人感动，就必须提高你的感动敏感度。

我主办的面向商务人士的讲座"共情销售实践会"的课程中有项"提高感动敏感度"的课题。大家每天都会把令自己感动的事情、风景等分享给小组中所有的人。这样通过每天实践，感动就会成为习惯。最开始时，其中一个陷入困惑的学生分享了这样的投稿。

"中田老师，我明白了。感动不是别人给予的，而是必须自己去寻找的。我因为发现了这件事而十分感动。"

电影、体育等给予的感动固然重要，但在日常琐事中寻找的话，也会发现很多感动。**在外面走路的时候、在坐电车的时候、在家里的时候，不论在哪里都能够找到感动。是否能够意识得到，就在于你的感动敏感度。提升感动敏感度，在你的周围每天都洋溢着小小的感动。**

在外面走路发现了小小的鲜花时——虽然坐车无法发现，但是步行就能够发现了；在坐电车时，正好按时间准时到达了目的地；下班回到家时，玄关的鞋摆得很整齐；等等。你会从中发现许多这样的感动。

然后，你会察觉到这些事情绝对不是理所当然的。电车准时到达目的地，得益于背后辛勤工作的工作人员的共同努力。为了让你归来后心情愉快，你的妻子把玄关打扫得十分整洁。没有什么是理所当然的。

当然，你每天都能精神饱满地去工作也绝非理所当然。像这样寻找感动，随着感动敏感度的提高，你会掌握感谢的力量。

想要促使员工行动的领导者，必须让员工感动。因此要提高领导者自身的感动敏感度，而在这个过程中，领导者一定会萌生对员工的感谢之情吧。能对员工表示感谢的领导者会受到员工的爱戴，员工会为了让你感动而努力。

02
有效沟通，让对方的脑海浮现图画

作为经营顾问与企业接触时，拥有共同语言是非常重要的。我的工作是作为顾问为企业培养出"强大的团队即能获胜的团队"提供支持，所以首先要和经营者一起细心地统一语言的含义。

比如说，对于"时间"或者"员工教育"的概念，根据我制作的"语言概念表"，将共通语言、共通的管理系统灌输给经营者。

以前有一位社长说过，为什么要把时间用在这种事情上？无论是顾问还是经营者，都认为"想法有分歧才是浪费时间"。

而这种"想法的分歧"实际上经常在不知不觉中发生于我们的身边。经营者所使用的语言中包含的想法无法传达给员工，这也是其中之一。前些日子，发生了一件事。某社长在早会上说：

"成为一流的营业员吧！"

社长的想法可以定义为"一流等于能给别人感动的人",是以让客户感动的服务为目标的经营理念。然而,职员却一副完全不理解的样子。

后来我询问了几位公司职员。

"我们并没有得到一流销售人员应拿的工资。"
"想象不出什么是一流的。"
"销售额要达到多少,才能说是一流的?"

听到的几乎都是这样的回答。语言的定义真的很重要。

那时候,假如社长说的是"今天也做一件让客户感动的事吧!各位拜托了",相信那次早会定会截然不同吧。

像这样,如果语言的含义无法得以统一的话,就无法在各种各样的交流中传达真正的意图。如果不能沟通,像这些员工那样无法做出任何反应的情况就会经常发生。这样下去,团队不能团结一致,也很有可能无法发挥出实力。

为了使大家的意思得以共通,事先准确理解词语的真正涵义,

或者使用准确表达的词句，是非常重要的。

那么，有效的沟通与无效的沟通之间有怎样的差异呢？

那就是"听者的脑中是否会浮现出图画"。

比如说，漫画《海贼王》十分有趣吧？我也很喜欢看，但是开始看的契机，出自朋友的一句话：

"看了《海贼王》，一定会想拼尽全力守护某个人哦！"

"有趣"这种表达方式让人无法联想到图画，但一听到"想要保护某个人"，画面就会浮现在脑海中。同样，现场观看高中棒球比赛会非常感动，比起"因为很感动，所以一起去吧"这样的邀请，"燃起自己快要冷却的热血吧"更能打动人心。

你作为领导者对员工所说的话，比如在早会上的发言，请有意识地让"听者脑海中浮现出图画"。这样传达效率就会完全不同，结果就是你的团队实力显著提高。

统一语言的含义很重要!

为了共同分享同样的印象,
使用能够让对方脑海中浮现出图画的表达

03
与员工分享喜悦，增强工作动力

这是我在做销售员时的故事。我无论如何都想和某个企业进行交易，所以对那家企业持续进行了约2年的追踪访问。

在最初的一年半左右的时间内，我是在接待处上门推销，看不下去的接待人员向我想会面的部门负责人汇报了我的事情。那个负责人回复说"下次来的话请让我过去看看"，于是我在下次拜访时，第一次与他进行了谈话。

之后通过反复听取意见和建议，我终于获得了与这家企业合作的第一个项目。我怀着升天般喜悦的心情回到公司，立即向上司进行了汇报。

我："课长，成功了！终于从D社那里得到了项目！"

课长："真不错！多少钱的项目？"

我："是的，是300万日元！（欸？怎么先问销售额？）"

课长："这样啊，300啊！"

我："不是的，是 300 万日元！（不要只说数字啊）"

课长："这个项目，什么时候能算入销售额？"

我："预计 4 月开始行动。（在那之前你就没有什么别的想说的吗？）"

课长："这样啊……3 月开始不行吗？"

我："怎么了？（你不是说季度额什么的吧？）"

课长："这期的数字还没达标啊。能不能试着跟对方谈谈？"

我："这恐怕不行！（真是够了！）"

这时的我，对于经过两年终于第一次得到了项目的事情，首先想要得到犒劳，然后想要得到表扬。上司应该知道在那期间我有多么辛苦，尽管如此，他说的却都是关于他自身的销售和交货期的事情，我感到非常气愤。

人际关系上的压力可以大致分为两类。一类是"没做自己所期待的事"，另一类是"做了些与期待相反的事情"。

这件事情就是我的上司没能像我所期待的那样一起分享喜悦。

我的孩子很小的时候，在看到我下班回到家时，会立刻跑过来说："爸爸听我说！那个……"这样分享自己很开心的事。为什么孩子想跟我说他的开心事呢？那是因为，他知道我们一定会一起开心。那时候应该会说"是吗？太好了！"一起分享喜悦，而肯定不会说"比起这件事，我更想问问你做作业了吗？"之类煞风景的话。

你愿意和员工一起分享喜悦吗？我认为你会比员工更高兴。理由很简单，因为人们想让为自己的事而高兴的人获得更多喜悦。 并且正是因为有了想让他们开心的人存在，人们才会在面对困难时拥有一颗坚持到最后、永不放弃的心。比起为了自己的梦想和目标，为了其他某个人的梦想和目标实现的概率更高。这才是永不言弃的心、迈向梦想的原动力。

请你务必要构筑一种能让员工说"领导，听我说"的关系。并且，这时不要说"先不提这事，报告书写得怎么样了"这样没情趣的话，夸张地和对方握手吧。

首先你要培养一个想让你喜悦的员工。然后，看到那个员工和你一起分享喜悦的样子，其他的员工就会以"好，我也想让他高兴！"的方式传播开来。

所有的员工都抱有想为了团队、想让领导高兴的想法的团队相当强大。每个员工对于自己的工作都有着顽强的意志，想与他人一起分享喜悦的团队气氛也会变得喜气洋洋。像在第 2 步中所说的，团队中全员都进入了"需求层次理论"的第四阶段——"尊严需求（认同需求）"。

04
展示"下一目标",让想象具体化

    为了取得作为领导者的成果,你需要让员工百分之百发挥现在所拥有的能力。为此,全体成员能够描绘出达成团队目标后共同的前景,是非常重要的。我从12年前开始学习指导企业,擅长作为中小企业调查师进行咨询和指导的"混合型会议"。在那之前,我已经埋头打了16年棒球,所以无论如何都会从教练的角度来看待运动。

    从我的视角来看2016年里约奥运会的世界田径等项目,我觉得"让选手看到终点"的训练手法的效果十分优良。

    听了选手的采访,很多选手表示:

"下次在东京一定要拿奖牌。"
"我会把这次经验活用于下次的东京奥运会上。"

    看得到下一个奋斗目标的选手的视野会变得开阔,能够表现得更好。在达成一个目标之前，展示出下一目标，这在我的会议中也经常出现。

这样一来，客户就会被看成一个目标的"里程碑"，员工既能放松地发挥实力，又能开阔视野，产生更多的想法。

前几天，我有幸听到了花样游泳日本代表井村总教练的谈话。花样游泳是一项十分平稳、和谐的运动，在团队中，共享的想象比什么都重要。

虽然据媒体报道，井村教练本人十分严格，但是在我看来他是一位充满爱严精神、十分优秀的领导者。日本花样游泳代表队在里约奥运会上帅气地获得铜牌，成员不仅在这之前的过程中多次演习，教练还反复让他们"**真实地想象达成目标的瞬间**"，最终在颁奖台上真实地展现了自己的想象。

我参与支持的某个企业，虽然正在朝着"达成销售目标"的目标一步一步地前进，但是同时我正在努力让大家"看到"终点并实现目标。

通过会议和个人面谈，再加上对达成目标时的想象与给想表达感谢的人写信，提问"在目标达成之后想变成怎样的自

己？""有什么好事降临到自己身上吗？"等等，想象就可以尽可能真实地具体化了。

另外，笑容的重要性，全员都已知晓，所以即使在严峻的环境中也会很兴奋地努力。虽然距离达成目标还差得很远，但却已经能看到员工保持笑脸的样子了。

在某个企业，部门的上司对刚调动过来的N先生说："你要一直保持笑容。不然以那张冷冰冰的面容，谁也不会接近你了。"在早会上，上司在众人面前说："从今天开始，N君会一直保持笑容，所以请大家多多关照。这是命令和训练，所以如果做不好的话，请通知我。"一开始虽然有些生硬，但是被人讨厌的N先生渐渐变得自然起来，现在身边有很多的朋友和后辈，安稳地工作着。

你的表情如何？

你是不是在皱着眉头工作呢？皱着眉头的那个并不是员工，而是你自己。决定团队气氛的是领导者的表情。即使你有着不愉快和不甘心的情绪，也要忍耐一下，试着微笑吧。

05
如何认真地给员工"加油"

"我会支持你的,加油!"

这句话,想必你经常听闻吧?

的确,这句话会让说话的人心情愉悦。然而,听到这句话的人会容易感受到真实的支持吗?

那是因为,被支持的一方会抱有"这个人是认真地在支持我吗"的疑问。

我在为企业的成长做技术支持的同时,也在支援个人企业主和创业准备中的年轻人等各种各样的人,我以认真的"一决雌雄"之心来面对,支持着相关人员的梦想和目标。

并且,我也朝着我自己的梦想前进。既然真心支持,就不能只说些甜言蜜语。在企业做连续培训时,人事部的职员和经营者们也会经常听到我说"我希望你们再这样做一做"的声音。但是，就像父母时刻想着自己孩子的心情一样，我也十分认真地考虑了听讲者们的将来。正是因为经过了认真的思考，我才会故意设立阻碍，并故意严格要求他们。

为别人的梦想加油，就会变得非常积极向上、充满活力，这真是不可思议。

实际上，"认真"这个词也包含着巨大的能量。所谓认真，就是自己思考是做还是不做，然后下决心说"我要做"的状态。我认为如果被人提出要求，虽然不想去做，但是等到完全没有退路和借口的状态时，就会认真去做。

从选手的角度来看指导者是否认真，从员工的角度来看领导者是否认真，很快就能一目了然。

"只是嘴上说说什么，也没为我做什么。"

你也有过被口头承诺的经历吗？

其实这是"讨厌上司的理由"前三名之一。没有认真对待自己员工的上司，是无法被人尊敬的。我认为，领导者即使被讨厌也没有关系，但是不被尊敬，就毫无存在意义。

我从创业到现在，得到了很多人的支持。实际上我自己也支持了很多人，所以我很清楚。我的支持是：

"我能为你做些什么吗？"

"为了你，我可以做这件事。"

像这样，提出自己的行动。**因为我认为，只有我行动起来才能算做支持的开始。**

比如说，想支持一家饭店时，就要去那家店就餐，在社交软件上分享饭店的照片。在支持创业的人时，要介绍客户，支持其公司的成立。在支持客户时，要为其提供相匹配的服务。总之要落在具体的行动上。

你作为领导者，是否认真地对待你的员工呢？是否做好了以丝毫不逃避、不找任何借口，真心地相信员工能够更好地完成工作呢？

公司不同，领导者对员工的真心支持也五花八门，但重要

的是，既然要支持，就不仅仅在语言上，付之于具体的行动是十分必要的。对于员工提交的日志和文件，不要只是盖了印章就直接返还，而是添上一句评论："继续跟进你的客户，应该有很多可以做到的事情。"而且，如果领导者认真起来，也许也会碰上认真对待自己的员工。

幸亏在创业时得到许多人的真诚支持，我才能有现在，正因为注意到了这一点，所以能够真心地支持别人。而且，越是支持，自己的支持能力就越高，结果能起到作用的场合就越多，对方也会十分欣喜。

现在我身边很多真心支持我的人，成了我的精神源泉。

我的公司的理念是：

"为了最爱的人，提供真心的支持。"

你的身边也一定有你想要支持的人。请尽量具体地行动起来。支持并付之于行动会让对方开心，你也会感到幸福。既然自己决定，就要认真起来。认真起来，人生就会改变。

真正的"支持"是具体的"实践"

> 口头上的支持不是支持
> 真心地支持会伴随着具体的行动

如果是饭店 → 成为顾客
　　　　　　在社交软件上分享照片帮忙宣传

如果在创业 → 介绍客户
　　　　　　支持公司的成立

如果是艺人 → 购买 CD
　　　　　　去看演唱会
　　　　　　……

> "为了最爱的人,提供真心的支持"
>
> 真心的支持
> 不是以自己为中心、自以为是的行动,
> 而是对方需要的、
> 能让对方喜悦的东西,以此具体地行动起来

06
重视"非日常空间",提高团队凝聚力

在我为企业提供的清单中,其中有一项内容是集训进修。与普通的培训不同,单独的企业或两家公司联合实施等各种各样的情景有着很大的效果,那就是"一体感"。

吃同一锅饭,在同一个房间里睡觉,实际上就是"坦诚地交往",所以能够形成互相体谅对方的心情。我虽然觉得,这不仅仅是长时间在一起的原因,但是他们之间的安心感和信赖感自然而然地出现,令人不可思议。

以前我曾举办F公司和Y公司面向30~50岁左右领导人的合作集训。集训进修的主题是"强化领导能力"。大家一边成立不同公司成员间的一对一小组,针对关于与培养员工的相关问题,对关于大家目前所抱有的想法、如果没有任何限制的话自己理想中的做法,以及为了实现这个目标所需要的条件等等问题进行讨论,一边通过各种工作学习了指导的技能、领导者应有的状态等。

由于F公司和Y公司在工作上没有贸易关系,并且隶属不同领域,所以对于F公司来说的常识问题,Y公司却不可能知道,反之亦然。但是,这两家公司也有共同点。领导层没有精神,工作十分草率,这就是双方经营层抱有危机感的共同点。

一开始双方都很客气,讲话有些生硬,但因为全员都是领导者,并且进行的是强化领导能力的培训,所以渐渐地,开始有人提出自我主张。在决定小组中的领导者时,以"自己应该做领导者的理由"为中心,每个人做3分钟的演讲,就谁更适合进行讨论,而不是用多数表决的方法来决定谁做领导者。从第一天的晚餐和宴会开始,有些生硬的参加者相处迅速变得融洽起来。如果双方都找到了共同的话题、两人是老乡或者有共同的朋友,距离就会一下缩近。

接下来的两天,一起吃饭睡觉、面对着同样的课题、一起克服了困难的他们成为团队。在完成最后的工作时,他们沉浸在成就感和感动中,意识到这次集训的真正目的,那就是回到各自的公司,把自己领导的团队变成真正的团队,在互相体谅、充满安全感的气氛中,大家共同意识到打造出达成目标的团队的启示。

企业的经营者策划员工旅行也好,在大型比赛之前进行集训也好，其根本目的是"形成一体感"。

在非公司的非日常空间度过非日常的时间，会产生共同的回忆、共同的话题，提高团队的凝聚力。领导者和员工一起创造非日常的时间和空间，会加速团队能力的提高。

即使不旅行，也请你试着策划一下像烧烤、打高尔夫、宴会等活动，让大家多交流、多沟通。刚开始可能会遇到困难，但是如果你能表达自己的感谢，相信员工的可能性，好好地批评他们错误的行为，就没问题了。

顺便说一下，约会的目的是使两个人的关系变得更好，你本能地理解这个目的，去共享共同的回忆和感情，这样是很有效的。一起去主题公园、看电影、旅行、吃饭，在非日常的时间来共享感情，人的距离会一下缩短。作为领导者，请务必尝试一下。

07
展示永不言弃的姿态，感染团队氛围

对于领导者来说，十分重要的思想意识之一就是"执着心等于永不言弃的心"。对于团队目标的执着心、对于员工成长的执着心等，优秀的领导者和经营者是绝对不会放弃的。并且，就像笑容和烦躁会感染员工一样，领导者的执着心也能感染员工。

领导者永不言弃的精神和姿态能够感染团队中的所有成员，不放弃任何一个人的团体是十分强大的。

更进一步说，对于容易放弃的领导者，不仅团队合作能力无法提高，也不能期望员工成长，对企业来说，也只能是消极的影响。

这是我去甲子园球场看夏季全国高中棒球锦标赛时的故事。对我来说时隔数年夏季时的甲子园，看台竟连日爆满，让我大吃一惊。为何每天约有 4.7 万人在炎热的天气来到甲子园呢？并不相识的高中生的棒球比赛为何会让人着迷，给予人们感动呢？

我是这样认为的：那是因为高中球员"永不言弃的姿态"吸引了很多人。

他们真的是到最后都不会放弃。由于差距巨大，对方领先，"可能会输"的念头有时会在脑中一闪而过。但是，在绝不放弃的教练的教导下，直到最后一局出局为止，他们都不会舍弃胜利，也不会在中途否决自己，而是将全力倾注在眼前的一个球、一场比赛上。

不管对方有多强，他们既不会逃避，也不会找借口，而是堂堂正正地面对。在输掉比赛后的总结中，教练也绝对不会把责任推给选手，而是挺起胸膛承认"对方比自己强"，抱着"没能获胜是教练的责任"的自责态度。

对于3年级的学生来说，失败就意味着退役。在比赛失败、听到对方学校的校歌之时，就意味着再也不能和同伴打棒球了。为了回报家人、领队、教练、队友等，为了自己、为了同伴、为了因为自己的努力而高兴的人，他们至今为止一直坚持的棒球训练终于迎来了结束。

因为是比赛，所以一定会有一方输掉。但是，失败仅仅是个"结果"。

他们没有在结果出来之前就放弃拼搏。这种拼命的姿态、这样的勇敢让很多人产生共情,并受到触动。

我作为共情顾问,一直以来学习研究了很多有关"让对方自发行动的共情的力量",我明白了那大约4.7万人不是被强制的,而是自发地,为了看并不相识的高中生的棒球比赛;不是看电视,而是特意在炎炎烈日下前往甲子园。

人们会想象他们在到达甲子园之前所付出的努力和克服的困难,从他们身上想起曾经放弃的自己,重新获得力量。无论多么痛苦,他们都能从和伙伴们一起微笑着渡过难关的姿态中,获得勇气。

人会因为永不言弃的姿态而感动。只要打动了人心,人就会行动起来。我认为这是共情的力量。

为了不产生误会,我想补充一句:放弃也并不是一件坏事。放弃的原因很明显(不逃避现实并看清现实),所以放弃原路,向崭新的道路前进,绝不是坏事。

既然如此,那就把你永不言弃的姿态展现给员工和家人吧。

只有领导者开始把努力和挫折全部暴露出来，才会有相信并支持你的人出现。

我喜欢永不言弃的人，并且我身边也都聚集着这样的人。

只要不放弃就还没有失败，永不言弃就是走向成功的关键。

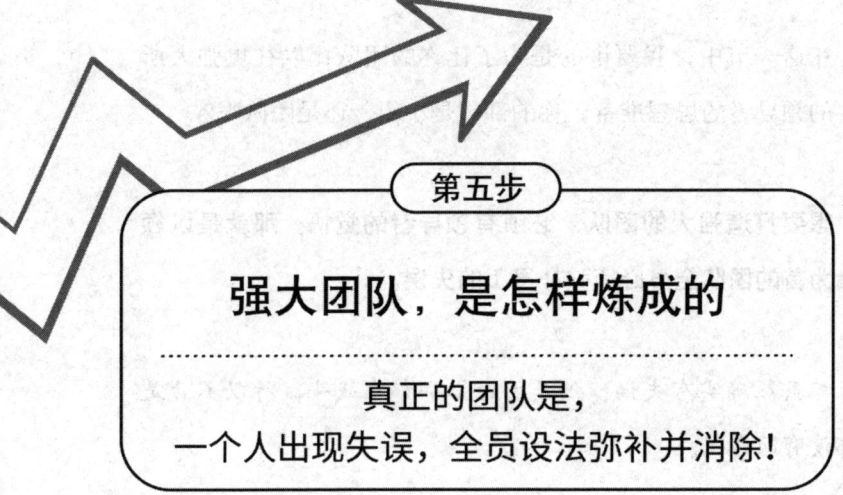

第五步

强大团队,是怎样炼成的

真正的团队是,
一个人出现失误,全员设法弥补并消除!

01
化零为整,打造最强团队

在这一节中,我要讲的是为了让你的团队比以往更强大所需要的领导者的思想准备。你的部门是小组,还是团队呢?

想要打造强大的团队,必须有领导者的觉悟。那就是以领导者为首的团队全员必须弥补员工的失误。

"虽然确实有失误,但是因为全员都在战斗,所以不管是谁都没有问题"。

这是某年夏天的高中棒球赛,以1分之差惜败的队伍的发言。尽管那支队伍一直领先到最后,却因为一个错误改变了局势而惜败。

这场比赛,所有人都在为弥补守备员的失误而拼命战斗。得到失败的结果与弥补同伴失误的过程是不同的。因此,教练爽快地接受了结果,说:"选手拼尽了全力,但对方更强。"

为了不让自己的选手承担压力，教练一直维持着保护的姿态。

另一方面，当员工汇报说"我已经按照指示做了，但是工厂出了差错，我受到了投诉"，作为领导者的你是如何看待的？比如："你没有错，错的是工厂"，你能否积极地寻找责任所在呢？

这就是团队和小组的不同。所谓团队，是以全员弥补一个人失误的强烈意志结合在一起的团体。至于小组，如果发生了错误的话，则会找出是谁犯的错，责备同伴的错误或推卸责任。组织论中有如下定义：

"组织论中的'小组'这个词的意思是，在各自执行自己的责任领域的业务时，主要用于交流信息的集团。也就是说，小组中的成员并不是集体进行一个工作，其业绩只不过是各个成员的单纯总和罢了。与之相对，团队则通过协调产生协同效果，比起各个成员单纯的总和，更能达到高超的业务水准。"

概括来说，团队是乘法，而小组是加法，团队产生协同效应，小组创造工作的总和，这样说就容易理解了吧？

你的组织是团队，还是小组呢？你作为领导者，要向哪个方向引导呢？

领导者把责任推到员工身上的组织，很遗憾不能称为团队。

我在做职员的时候，公司某个部门有个叫×课长的上司。只要我犯了错误，他就气势汹汹地大骂，怒吼了一通之后，他说："工厂和客户也应该有些责任，找到原因后写份报告吧。"以此试图稍微减轻自己部门的责任。

这时，我从心底感到了羞愧。犯了错误被斥责是可以忍受的，但是寻找其他部门和客户的责任等的行为是十分可耻的，所以我做不到。员工不向上司汇报错误，而是想办法靠自己的力量来处理，对于组织来说，问题只会越来越严重，这绝对不是好事，但这时，可耻的心情反而得胜了。

因为有那样的经历，所以对于我成为领导者后发生的错误，我把成员召集到一起，说了这样一番话："我想请大家帮个忙。S君稍微有点失误，需要在今天之内恢复完成，但是不能给工厂添麻烦，有几个人能留到电车末班车时间？"结果，8名成员中有7人留下来了，而且得知了这件事的工厂的工作人员也帮助了我，工作总算得以恢复了。

成员中最年轻的U君对我说："大家一起弥补一个人的错误，感觉心情真好啊！不知为何，充满了成就感！谢谢你！"的确，在工作中，大家一边聊天一边笑嘻嘻的，是因为各自都萌生了充实感，在这一瞬间，团队成员也产生了一体感。

　　成为能够挺起胸膛、对员工说"我们是一个团队"的领导者吧。

02
组建真正的团队，让成效加倍

你还记得第二步中我写的 B 公司的事例吗？在面向 40 多岁的课长级别的"强化动力培训"中，对于"将来想做什么？"的课题，最初什么都写不出来的他们，在听取社长的想法后，一齐动起了笔。

培训结束后，我与社长进行了谈话。对于当天培训中发生的事情，尤其对于他们察觉到社长对领导层的期待而开始产生共情的样子，我进行了具体的说明。一个月后，社长叫我去 B 公司进行访问。我十分感动。B 公司中诞生了好几个团队！

第一，成立了乐队，社长也加入了。科长中有学生时代弹吉他的人，知道社长会弹贝斯，招募了无关职务的 7 个人组成了乐队。

第二，成立了五人足球队。在有足球经验的人的聚会上，我也属于专务。

当然，这些不仅是兴趣小组。提议组建这些团队的，是名为"领导者俱乐部"的团队。听说那时参加集训的40多岁的课长们在那之后立刻就组建了团队。那次培训结束后，和成员一起去喝酒的时候，决定"我们发力，让现在的公司变得更好吧"的气氛十分高涨，于是他们马上就行动起来了。

员工对课长突然干劲十足感到非常吃惊，而且听说课长们也听取了社长的想法，产生了很大的共情。街头巷尾经常有人说"为了让孩子打起精神，首先大人必须有精神""孩子不谈梦想了，是因为大人们不再谈梦想了"，正是此意，课长打起精神后的B公司内部的气氛焕然一新。

并且，由于成立了与职务和部门无关的团队，之前部门间的争斗（利益的争夺与责任的推脱和强加）渐渐减少，开始出现"一人犯错误，全公司想办法弥补"的风气。而且，领导者俱乐部的E课长（44岁）在自己恢复干劲后，家庭的气氛也发生了变化，夫妻关系、父子关系恢复到了从前，他非常开心。

正如上一节所写的那样，把一个人的错误用团队的力量消除，或者将其控制在最小限度，才是真正的团队。做出哪个部门不好的判断，是因为它不是团队而是小组。在棒球场上指导选手的时候，我经常说："不管是谁的失误，如果全体队员齐心协力都不能拦住跑垒员回到本垒的话，是不行的！""如果哪个跑垒员没有回到本垒的话，那就是0分，也就是说，失误会一笔勾销。真正强大的团队能弥补同伴的错误。"

从那之后，过了一年，B公司会变成什么样呢？首先，年轻员工的离职率变为0。其次，以女职员为中心的团队也成立了。虽然销售额只是微增，但是公司内的事故锐减，利润大幅增加。

像这样，把你的组织变成团队，能够有显著效果。

但另一方面，"团队合作"这样好听的词语也会产生弊端。

03
所谓团队合作,并不是关系好

作为现在年轻一代的潮流,"团队合作""羁绊"等词语很受欢迎。

他们最喜欢的事情是"和大家一起",非常重视与人的联系。相反,他们最不擅长的事情是"一个人鹤立鸡群"以及"思考得出自己独创的方法"。

真正的队伍就是一个人犯下的失误由全员想方设法弥补并消除。并且,我认为真正的团队合作是在最大限度发挥个人能力的前提下,各司其职,认真完成各自任务的集团的力量。所以,我完全不认为团队中的成员关系好等于团队协作能力强。相反,我认为这与关系好还是不好无关,而是一种更高层次的联系。隶属同一团队的成员各自提高自己的能力,持续地努力成长是大前提。

某企业发生了这样一件事:

营业部的领导者和员工关系很好，亲近到私底下也经常一起去喝酒。领导者很照顾员工，也很理解员工的各种情况。有一次，上司给那个领导者的团队布置了巨大的目标，领导者要达成公司的目标，必须把那个目标数额分派给团队中的某些人。

然而，这个领导者考虑到员工的状况：A君现在很忙，B君想早点下班回家陪孩子，C君夫妇共同在外赚钱……他只关心员工的处境，最终决定自己承担目标数额。结果，一边做着上司布置给的工作，一边承担着数额目标的领导一日比一日疲惫，员工也因自己没有得到委任，觉得很无趣，结果那个团队不仅没能达成目标，关系也闹得很僵，不能很好地发挥团队的作用了。

团队关系好反而成了灾难，这是作为领导者无法完全发挥作用的例子。

如果是真正意义上团队合作良好的话，当团队被赋予了很大的目标时，领导者会召集员工这样发言：

"虽然我知道大家现在也十分努力，但公司对我们团队抱有很大期待，这次公司给我们设置了更大的目标。我觉得这是使现在的团队变得更加强大的机会。我相信与强大的对手交战的话,大家一定能获得成长。如果可以的话,我想把这个目标分派给大家,让大家一起变得更强,但我想先听听大家的想法。"

在听取了各自想法的基础上,你要与每个人进行协商,在能接受的限度内分配目标。我认为将目标按人数均分,也是没有完成领导者责任的表现。

我在第三步已经写过,**给予批评也是领导者所肩负的"培养员工"的责任。既然要承担这个责任,就要经常考虑提高员工的水平,有必要做好"利用工作来培养员工"的思想准备。**我认为即使领导者现在被员工讨厌了,但从始至终相信并支持着员工的成长,在获得员工的水平得到提高的结果时,能形成相互感谢的关系,这也是优秀的领导者。

在我看来,以"因为不想被讨厌"为判断基准的团队水平很低。

团队合作
并不是"关系好"

小组
一起行动时,共享信息的集团

团队
一起行动时,通过协调产生协同效果的集团

真正的团队是,
一人犯下的失误,
全员弥补并消除

真正的团队合作是,
以最大限度发挥个人的力量为前提,
明确各自的职责,
并最终完成

04
团队共情，就会互相成就

为了团队的成长，你能做出怎样的贡献呢？**很多人说："人独自成长是最困难的。比起一个人独自成长，团队全员一起成长其实更简单。"**

因为有同伴，大家都在努力，自己也要努力，所以比起一个人成长，大家一起成长更加容易。

我认为对于成长，同伴的存在和自立的精神两者缺一不可。你想达成的目标，以你一个人的力量最多也只能做到95%，剩下的5%必须得到周围人的支持。这些周围的人可能是你的家人、一起努力的同事、朋友或者导师。

如果你的团队开始全员考虑到为团队和成员自己所能做出贡献的事而行动，你的团队就会戏剧性地成长。

这是大阪的餐饮业F公司的故事。在国内有10家店铺的F

公司的问题是，作为领导者的店长的水平需要得到提升。

这是其中一位 C 先生的故事。

C 先生 30 多岁了，已婚，已是两个孩子的父亲。他性格十分温和，也是员工非常仰慕的存在。不仅像哥哥一样给予了员工强大的力量，而且十分体贴。C 先生是优先考虑别人心情的那种人。例如，想到打工的 S 君就要考试了，就让他休息，考虑到作为主妇的 O 小姐因为担心孩子的身体状况而打不起精神来，就让她早退回家。

你认为 C 先生的店在 F 公司的 10 家店铺中销售额排名多少呢？答案是第 9 名。

C 先生作为领导者，把员工的情况放在最优先的位置考虑，结果对很有干劲的员工 G 君产生了很大的影响。在 G 君看来，这当然很不公，排班不规则，自己又太忙，渐渐地就失去了干劲。

C 先生觉得不能再这样下去，必须做点什么，于是有一天，他召集了全体员工开会。

"我虽身为店长却犯下了错误。我们的目标是提高这家店的销售额，为公司和客户做贡献，但是我却只在意大家能很好地一起工作。我们作为一个团队，想变得更强，所以今天我想让大家把平时没能说出口的事情和想做的事情全部说出来。然后，从明天起，大家以强大的团队为目标，为了团队全员重新出发。"

于是员工提出了各种各样的意见。主妇O小姐说："希望被更平等地对待。"打工的S君说："比起个人，更希望大家能从团队整体的角度来进行判断。"他们指出至今为止最关心的事情，C先生恍然大悟。原本是足球部队长的C先生想起了那时的自己，对员工说了这样一番话：

"我终于明白了。我想让这个团队变得更强。我觉得至今为止的包容是因为我自身的弱小，不想被大家讨厌。所以我想要全员一起集中精神，争取销售额第一名。如果对此有什么建议的话，请一定要告诉我。"

于是，工作人员提出了很多积极的想法，还有至今为止C先生没想到的建议，C先生感动得流下了眼泪。在那之后，值班制被取消，都是全员一起做了。

即使是很普通的厕所，他也放了很多观赏植物，打造出了森林般清爽的感觉。店里休息的时候会有烤肉派对，大家也会共享职场外的非日常时间。最重要的是，团队全员都把目标看作自己的事情，自己思考并行动起来。结果，翌年销售额一下跃至第 3 名，之后也顺利发展。

  团队全体获得成长，领导者个人才能够成长。为了团队的成长，每个人都必须努力。个人能够提升团队，团队能够培养个人。在个人与团队形成那样的关系时，团队的力量就会提高。

  项目、公司组织、社区，大家共同成长，比一个人独自成长要容易得多。为此，请务必互相感谢、互相信赖、互相激励、共同分享意志和感情，以成为良好的团队为目标而努力。如果能构建良好的团队，那时你也会察觉到自身的成长。

05
正确地信赖，能联结强大的团队

"信赖"与"信任"虽然看起来很像，但我认为二者截然不同。信任是过去，信赖是未来。

比如说，公司要开展新项目，要从你的团队里选出一名成员。

作为领导者的你，会"信任"成员过去的业绩，比如之前的成果和日常工作的态度等。并且，你会期待并"信赖"他未来会对项目有所帮助并发挥能力。

这其中没有好恶的情感。我认为在以团队胜利为目标的基础上，超越好恶的上位概念就是信赖。对于领导者来说，必须有信任员工日常的态度，信赖未来可能性的觉悟。

作为顾问，我在出任时也定是如此。客户在了解过去我在哪里工作，过去我做出了怎样的业绩，我是否有指导的资格，我重视怎样的指导内容后，才能给予我信任，并且坚信如果任用我，团队的力量未来定会变强。如此，我才会被任用。

　　换言之，信用是对业绩、公司规模以及过去积累起来的评价。"信用交易"这个词就是个形象的例子，它是以之前的业绩和信贷管理为基础的交易。另一方面，信赖是"如果是这个人的话，应该没问题""如果是这个人的话，一定不会辜负我的期待"这样对未来行动的期待，是以人际关系为基础的。信赖关系就是这样的吧？

　　像这样来考虑的话，建立信赖关系就是对对方的未来进行预测和期待，所以过去的态度和言行都会有很大的影响，需要一定的时间。

　　这是数年前我独立创业时的故事。从我做公司职员时就非常关照我的人跟我说："如果中田你要开公司的话，我有想要委托予你的工作，所以你去试试看如何？"在同一天，一直以来只是偶尔一起喝酒的前辈告诉我："如果中田你开公司的话，我至少会投资资金的，不试试看吗？"

　　现在想来，当时支持我的各位，正是信任了当时作为公司职员的我，认为"如果是他的话，应该没问题"并对我的未来充满了期待和信赖。多亏了他们给予我的工作和资金等具体的支持,以及与作为经营者的前辈们协商和他们背后推动的力量,才有了现在的我。

所以我信任某人的过去,在现在的言谈举止等的基础上,信赖某人的未来。通过物理性的东西和实际成绩产生了信用,在感受到使用的语言和人际交往等现在的情况基础上给予信赖。

我的商业策略是:

"为了最爱的人,提供真心的支持。"

为了报答创业时受到的真心支持,我制定了这个策略。现在,可以信赖的伙伴和客户是我的能量,是我的动力,更是我珍贵的宝物。

我比任何人都更相信客户的可能性,而且为了得到客户的信赖,我也经常有意识地展现自己的真实内心和姿态。

就领导者和员工的关系而言,身处于同一团队,我的理想是以超越好恶的信赖联结在一起,所以我的目标就是多多打造这样的团队。

"信任"与"信赖"

信任 **对于过去** 以前在哪里工作， 有过怎样的实际成绩	 信赖 **对于未来** 过去完成了那么多工作， 今后也努力工作吧

人会信任过去的"实绩"，
信赖并期待未来

以过去的行动和语言来判断并给予"信任"，
并且相信未来也一定没问题。
"信赖"需要花费时间，
只有建立了这样的人际关系
才能形成信赖关系

06
你的团队,能否让客户参与进来

这大概是 15 年前,我还是公司职员时的故事,是一次将客人牵扯进团队中的体验。

原因是在一个方案中,我发现了很大的错误。修改恢复并交货要在 19 小时以内完成,中午发现的错误必须在第二天早上 7 点之前改正。我们约定好,会立刻赶到客户那里,在沟通了一些修复方法的基础上,选用最好的方法进行并交货。

那位客户的纪念仪式第二天早上在很远的地方举行,因为无论如何都必须在那里举行,他与其说是生气,不如说是"拜托你们想想办法",很为难的样子。但因为我们和客户都是之前就出差了,所以修复的方法也很有限,我们想着总之只能先做了,于是我和我的后辈三个人一起开始了工作。

在看了工作内容、人员和数量后,我预计完成工作要花费 12 个小时以上,所以做好了通宵的准备。在大阪的上司接到了我的汇报，并且和当地的同事取得了联系，派了两位支援者过来了。虽然是与那些人第一次见面，但他们都一起帮助了我。而且到了晚上开始疲劳的时候，客户竟然也带着员工来帮忙。我们一起吃了慰劳的点心，8个人一边聊着各种各样的话题，一边继续享受着单调的工作。

凌晨3点，所有的恢复工作终于结束了。我至今仍清晰地记得所有人的成就感与感动。

发生问题时，一个人思考会使心情变得郁闷，有人商量着一起考虑的话，心情会稍微平静下来，有时还会涌现出好主意。而且，如果是4人以上的团队一起思考，不仅自己的心情会变得轻松，还会涌现出各种各样的想法。

那时就是这样。最开始我和后辈三个人工作时，静静地很沉默，因为犯了错误而有些消沉地工作着。中途加入了两位支援者后，我的心中萌生了感谢之情。他们为了萍水相逢的我，即使是上司的命令，也能愉快地参加。对这两个笑眯眯地帮助我工作的人，我真的充满了感激。

之后客户送来慰问品时，还有一起做完工作时，我们都沉浸在感动和巨大的成就感之中，因为这是与客户一起组成团队的瞬间。

这件事之后，我和客户的关系完全变了。从顾客和销售人员之间的"销售与购买"的关系中，我们建立了像同事、义兄弟那样的信赖关系。客户的上司还向我的上司十分郑重地表示了感谢。上司虽然很困惑于"明明犯了错误还被道谢"，但还是很高兴。

之后，如果要协商工作，这个客户就会首先指名我来做，或者介绍其他客户给我，在工作上也帮了我很大的忙。

体验过把客户牵扯进来组成一个团队的我，从那之后时刻想着"如何和客户组成一个团队""如何把客户牵扯进来"之类的问题，并一直努力着。

尤其在发生投诉、失误等问题时，人会在团结的力量下努力，团队力量也更容易提高。

07
团队讨论难题，应当愉快还是沉重

我已经写过，所谓团队，就是全员来弥补一个人的失误。我认为真正的团队是一个理解各自职责，并为了团队全员互相帮助的集团。

前些日子，我以 G 公司的年轻领导者为对象实施了集训进修。我提出了各种各样的问题，让即使在同一个公司内，平时也没有什么接触的集训对象分组进行讨论。

"不管说多少次，有的员工都不理解领导对他说的话，你作为领导者从这个员工那里学到了什么？""听说员工在你背后对别人说你的坏话，你是如何对待这个员工的？"我抛出了像这样实际在公司内可能会发生的问题，并让他们小组讨论，提出意见。

无论会议还是研修，现场的气氛都非常重要。领导者有必要制造出一种让人安心地说出意见的氛围，即不被任何人否定的安心感。因为制造会议气氛的是领导者,所以那时的研修最初也是由我发言的。

一开始集训对象觉得自己"必须说正确的话",很难提出意见,但是在感受到不管说什么都不会被人否定的安心感后,他们渐渐地开始积极地提出意见。

在感觉到全体气氛都变得和谐愉快之后,我提出了这样的问题:"当你把放了10万日元的钱包弄丢了,这是怎样的机会呢?"

弄丢放了10万日元的钱包,这件事无论怎么想都会觉得很痛心,但是如果能从这件事中学到东西,或者注意到新的发现的话,它就会成为机会。

在"购买新钱包的机会""了解他人心情的机会"等各种各样的意见中,也有"拯救非洲孩子的机会"这样的意见。那就是,事先在钱包里放入写着"致捡到这个钱包的你:这些孩子的梦想是'成为大人'。他们现在正在拼命地积累着并生活下去。请一定要用这笔钱来实现这些孩子的梦想"的便签。他们真实地感受到了自己一人想不出来的想法,并且得以发散思维。

就这样，大家听着我一个接一个地提出"困扰的事情"，进行着小组讨论的工作，但是大家的表情越来越明朗，最后气氛变得非常愉快。最终我问了这样的问题：

"明明我一直在提出很多让人困扰的问题，但是为了思考解决方法，大家却这样开心，这是为什么呢？"

想必你已经注意到了吧？**团队在工作中愉快地讨论并解决难题，这才是最强大的团队。**

进展顺利的事情交给员工就好了。领导者要在进展得不顺利的时候出场，在发生困难的时候出场，把周围的人带进来，营造出愉快地发现解决办法的气氛。

具有真诚对待问题的态度，你所说的话能展现你的故事，这才能建立起真正的信赖关系。为此，日常生活中你的表情、与员工的关系以及说出的话，也就是你的"存在方式"，是十分重要的。

08
学会营造氛围,改变团队气氛

在第一步中,我写了关于"领导者制造的氛围"的问题。为了提高团队力量,领导者酝酿出的气氛非常重要,所以我会更具体地讲解。

请你想象一下棒球队。某棒球队是"失球也好,三击不中也好,都没关系,在严峻的场面下也应该面带笑容进攻"的队伍。即使下定决心的比赛无法顺利取胜,也会有"精彩的带球触地!"的声音传来。

另外,另一个棒球队是"准确踏实地看手势行动,执着于胜利"的队伍。失误的话就会被教练斥责,然后马上替换选手,选手很难坚定决心。

虽然我写了相当极端的事例,但我认为这种差异是因"领导者制造氛围的方法"不同而产生的。

不仅限于社长和教练，领导者需要明确"想要打造怎样的团队"并制造氛围。

对于社长来说，有必要决定想成立怎样的公司；对于棒球队的教练来说，有必要决定想组成怎样的队伍。这里所说的"决定"，并不仅仅是想着"要是这样就好了"的状态。

既然决定要打造出这样的团队，就要做好舍弃其他选择的思想准备，展示出你的价值观和志向。原因就是，团队最在意的要素就是"气氛"。

打动人心、让人干劲十足的不是规则，而是"组织的气氛"。

能传染给别人的3种东西，就是笑容、哈欠和气氛。气氛指的是职场的气氛、家庭的气氛、团队的气氛等。领导者制造的气氛会感染周围的人。如果教练一直一动不动地坐在长椅上，只会批评失误，队伍的氛围就会变差。指导者需要忍耐。因为我有过忍无可忍、愤怒大吼的痛苦经历，所以我很清楚。

相反，当我总是笑着使用积极的语言，夸张地表扬精彩的比赛时，选手会自发地不断进行新的挑战，长椅上洋溢着明快的气氛，每个人的表现都明显变得更加精彩。

"不要只看领导的脸色，要和对方的团队作战！"

这样斥责是毫无道理的，制造这种氛围是领导者的责任，所以领导者如果制造出与对方战斗的气氛，会感染选手。

抱怨"我的团队，总觉得气氛很沉重啊"的领导者，表情毫无例外地很阴沉。同样地，感叹着"我的成员没有挑战精神"的领导者，也经常感慨自己没有挑战精神，正是这种消极的姿态，使得选手越来越远离挑战。**如果领导者不惧失败，不迷茫，展现出一心一意的姿态，成员也会不断挑战。但是如果领导者采取安全措施的话，成员也会向稳妥的方向发展。**

你制造出的空气（气氛），能够改变你周围的环境！能够改变团队的是领导者！首先，从自己开始，创造良好的氛围吧！

09
认真地积累小事，让团队脱胎换骨

打造团队，考验的是作为领导者的你的认真。认真是没有逃避的口气，没有辩解的状态下，伴随着具体的行动和实践的状态。并且，如果你不认真努力的话，会被员工看穿。为此，我认为领导者必要的思想准备，就是**每天全力以赴的表现和小事的积累**。我想要每天都兢兢业业地度过漫长的人生。所以，今天能做的事情，我会全力以赴，现在能做到的事情，我也会全力以赴。

现在，你的能力是至今为止的人生的选择和行动得到的结果。无论好坏，这都是你之前的那天、那时的选择并行动的积累结果。

结果，这些小事的累积就组成了一天、一周、一年。如果平时就忽视了一些小事，那么举个例子，在重要的商谈场合中，你可能会假装没看到垃圾，或做出失礼之事。**平时就要对每天能做的事情全力以赴，必须对眼前的小事全力以赴的意识要深入脑海**。为此，孜孜不倦地坚持下去的心态是很重要的。不以坚强的意志，而是用日积月累的思考，一点一点地完善自己的心。

如果现在你的姿态是至今为止的选择和行动得到的结果的话，一年后的你应该如何度过，由今天的你来决定。也就是说，不是把时间从过去流向未来，而是从一年后的理想状态反过来推算今天，不就可以理解对现在全力以赴的重要性了吗？

我认为"每天拼尽全力的积累"这一原理原则与年龄无关，是一种能在人生中生存下去的想法。

因此，我对与我相关的客户企业，也会拘泥于"摆整齐厕所里的拖鞋""贯彻对来客的问候"等小细节，在咨询合同期满后，也时常去拜访那家公司并提出一些建议。

你的队伍，每天也要把你所拘泥的小事全部贯彻到底，这样就能持之以恒，团队也会变得更强。扫除、早会、日志等，无论什么事情都可以，你和员工一起决定每天日常要做的事情，以此作为团队的规则，这就是每天积累的过程。

我认为认真的支持并不是因为对方是员工或客户才去做的，而是对于认真对待的人，要一直持之以恒地支持对方。在你想要别人支持自己的时候，人们会注意到你在那之前是如何支持别人的。组织的创建、公司的成立、团队的打造，结果都是一样的，都是支持的一种形式。并且，感恩之心和谦虚的态度也不会终止。

在得知如何激发选手的认真之前，你要对努力的强度进行试练。你认真起来，员工会对认真的领导者产生共情，向着强大的团队前进的方向也会随之明确。 打造团队的关键并不是技术。通过领导者的认真和共情力，还有坚持不懈的力量，你的队伍才会脱胎换骨，变得更强。

后　记

在发行拙著《小团队高效管理手册》之际，请允许我谈谈我的想法。

关于我这次出版这本书的理由，我想是："我想要救赎被员工烦恼的领导者以及为养育孩子而苦恼的父母！"至今为止，作为上市公司管理者的 7 年间，作为经营者的 6 年间以及作为棒球指导者的 8 年间，实际上我既有过作为领导者的经历，又接触了很多领导者。其中，我见识了有人因为"不想被讨厌、不想被小看"的想法而过度迎合或者虚张声势，有人不知道怎样提高员工的能力，只是单纯地传达上司下达的命令，还有人与员工一起抱怨上司。

常言道，孩子是学着父母长大的。同样，员工也是学着上司成长的。换言之，如果父母的行为正确的话，孩子可以毫无保留地发挥自己原本的成长能力。如果作为上司的领导者的行为正确的话，员工可以百分之百发挥自己的力量，团队也会变强。

我相信，由于企业中的"小团队"的强大，整个企业都会成长，未来也会变得一片光明。

至今为止，我在企业管理咨询和我主持的商业私课中谈过这些问题，但是因为想向更多人传达，想成为更多人的救赎，所以出版了这本书。

通过本书，我希望向大家广泛传达小团队高效管理方法，使大家增加积极的领导能力，并为员工带来活力。共情力并不难掌握，请务必在你的团队和家庭中活用共情力。以成为被员工给予"遇见了你真好"的高度评价而受到爱戴的领导者为目标，共创辉煌吧！